LA PASSION DU VOL

En couverture…

Un C-160 Transall, un avion piloté par l'auteur.

EAN : 9782373011654
ISBN : 978-2-37301-165-4

Site Internet : www.editions-jpo.com
Email : shop@editions-jpo.com

Révision : Caractère essentiel / Valérie Eveillé.

Jean-Louis Daroux

LA PASSION DU VOL

86 ans, 43 000 heures
et toujours pilote !

Éditions JPO

Préface

Être la compagne d'un pilote n'est pas chose facile : éloignements fréquents, humeur changeante au gré des missions...

Mais être l'épouse d'un pilote militaire est encore plus éprouvant. Aux inconvénients du pilote civil s'ajoute le danger des risques du métier.

J'ai été et je suis une de ces femmes !

Geneviève Daroux

Ce livre est dédié à mon petit-fils,
dont le père est aussi pilote.

Voler... un rêve

Tout petit, je rêvais très régulièrement que je volais. Ma technique était curieuse.

Il suffisait que je raidisse mes petits muscles avec vigueur et conviction pour voler, planer plus exactement. Ainsi je m'élançais d'un toit par exemple, tous muscles tendus fortement et assurant une certaine « finesse » je planais ! En bout de course j'effectuais un bref basculement vers l'arrière et me posais en douceur. C'est sans doute pour ça que j'ai commencé une carrière de pilote d'hélicoptère. J'avais inventé le « flare », technique d'atterrissage en autorotation si panne moteur.

Hélas, tout a une fin. Éveillé, je me posais toujours la question relativement inconsciemment d'ailleurs... jusqu'au jour où j'ai eu l'imprudence de confier mon secret à un copain. J'aurais dû m'en douter. Il ne tarda pas à me dire : « Montre-moi pour voir ! »

Natif du Sud-Ouest, pays des « Tartarins », je n'ai pas le choix. Je ne peux que m'exécuter... ou perdre la face, ce qui est viscéralement impossible. Ainsi, peu sûr quand même de mon affaire, je choisis de sauter d'un mur pas très haut mais significatif... toujours pour l'honneur !

Heureux choix car j'ai eu beau bander mes petits muscles, le planer, vous l'avez deviné s'est terminé par un crash... et me voilà aplati au sol comme une crêpe, fine bien sûr comme savait les faire ma grand-mère, et non bretonne et épaisse. C'est ce jour-là que j'ai compris pourquoi Isaac Newton avait pris une pomme sur la « tronche » en faisant la sieste. La gravité...

Ceci pour bien montrer que je venais de prendre une bonne bûche et que mon plané était bien un rêve. La crédulité de mes cinq ans environ venait de me trahir. Non seulement je me sentais humilié mais j'étais aussi blessé. En effet mon genou droit ne cessait d'enfler.

Déception, confusion, allez savoir ! Ce qui semble raisonnable de croire, et encore, c'est que l'idée de voler était sans doute en moi.

Les années qui suivirent n'en furent pas du tout la preuve d'ailleurs. Rien ne me rapprochait de l'aérodrome de Tarbes-Laloubère où pourtant volaient deux ou trois Stampe. Ayant perdu mon père des suites de la guerre, ma mère n'ayant que peu de moyens, il était exclu que je puisse adhérer à un aéroclub. Je n'y allais même pas.

Compte tenu des événements, la logique aurait dû me guider vers l'agriculture. En effet, la famille possédait une petite propriété à Nérac dans le Lot-et-Garonne. Vous ne pouvez pas ignorer Nérac, son château et sa garenne. C'est dans ce coin charmant que le futur roi Henri IV venait passer du bon temps, avec Fleurette entre autres. D'ailleurs, sur le chemin de cette garenne vous trouverez la statue de cette belle Néracaise séduite par Henri. Elle avait seize ans lorsqu'elle se noya par amour pour le roi. Souffrez que je m'abstienne de tout commentaire... mais vive « Le Vert Galant ! »

Malgré tous les efforts que faisait ma grand-mère, je ne me sentais pas du tout attiré par la nature. Pourtant la maison de maître, Les Pimpoueys, habitée par mes parents était très agréable. La métairie où logeaient les métayers était à Péres, petit village situé à environ un kilomètre de la maison. Ma mère comprenant parfaitement cette situation me confia à mon cousin Paul. Ce cousin tenait une boucherie à Tarbes, place Marcadieu. Trois ans prisonnier en Allemagne pendant la guerre, il était de santé fragile. L'affection qu'il éprouvait à mon endroit était débordante, il n'avait qu'une fille, Josiane, mal bâtie pour porter les veaux et les quartiers de bœuf. Ce qui me valut de faire le boucher à mes heures ! Je précise à mes heures, pourquoi ? Parce qu'ayant réussi l'examen d'entrée à l'École nationale professionnelle Jean-Dupuis à Tarbes, j'y suivais une formation de technicien... afin d'acquérir le niveau nécessaire pour prétendre rejoindre l'Hesam Université ou Arts et Métiers à Paris. Autant dire que courir les marchés à bestiaux et les abattoirs tout en suivant un programme serré à Jean-Dupuis me laissait peu de temps pour vivre ma vie de jeune homme. Ce qui me plaisait beaucoup était de conduire les camionnettes... même sans permis ! À l'époque ce n'était pas grave, de plus mon cousin atteint d'une angine de poitrine conduisait peu, ça le fatiguait.

C'est ainsi que l'année du Bac, nous est proposée la préparation militaire dans les locaux de Jean-Dupuis. Nous avons droit une ou deux fois par semaine à la visite d'un très sympathique adjudant-chef venant de Pau Pont-Long, aéroport qui était aussi la base aérienne militaire.

Les futurs techniciens que nous étions censés devenir intéressaient évidemment l'Armée de l'air, toute proche, pour un service militaire efficace qui durait à l'époque trente à trente-cinq mois. Autant accepter un engagement de cinq ans nécessaires pour accéder à la qualification de pilote.

Le premier contact

Ainsi nous apprenions le fonctionnement des moteurs en ligne, en V, en X et en Y. Ces exposés me séduisaient. Je me sentais irrésistiblement attiré par ce service militaire de mécanicien, électricien ou autre spécialité. Jamais l'idée de devenir pilote ne m'avait traversé l'esprit... jusqu'au jour où !

Notre adjudant-chef en question arrive un matin en apportant une information pour le moins surprenante pour nous. En effet, l'Armée de l'air recruterait des futurs pilotes... serions-nous intéressés ? Sur le moment aucun élève de la promotion ne réagit. Puis arrive l'heure du repas et nous voilà réunis autour de la saucisse du jour, purée bien sûr. Les regards sont interrogateurs, sauf ceux des futurs candidats aux Arts et Métiers à Paris qui visent le diplôme d'ingénieur. Ce n'est pas trop mon cas. Je sais que ma mère n'aura pas les moyens financiers de me payer de longues études à la capitale. Là est peut-être la raison pour laquelle je n'ai pas vraiment brigué les premières places au classement dans la promo, sauf pour la frime dans les matières qui me passionnaient. À savoir le dessin industriel, la chimie, les ateliers... Pourtant tous les regards se croisent au moment du dessert. Nous sommes donc trois, dont je suis évidemment, à entamer la conversation, évoquant ce fameux recrutement de pilotes. C'est maintenant que commence l'Aventure.

Nous postulons donc pour passer les épreuves. La première consiste à montrer nos connaissances générales. Cela ne pose pas de problème particulier, le niveau de l'école est connu et respecté. Puis arrivent les sélections du militaire : course 100 mètres, montée de corde et saut... Là, les choses se gâtent pour l'un d'entre nous. Il ne court pas assez vite ni assez longtemps. Il faut dire que nous n'y croyions pas beaucoup à ce beau métier de pilote. Alors nous rentrons tranquillement à Tarbes sans trop de commentaires. Quelques jours s'écoulent, studieux, car au bout de la quatrième année il y a les examens. C'est alors que la convocation au Centre d'expertise médicale du personnel navigant de Bordeaux arrive. La date de présentation est bien évidemment à respecter sans autre forme de possibilité. Là l'horizon s'assombrit encore, pas de chance, c'est à cette période que je dois passer les épreuves de dessinateur industriel ! Je décide donc de ne pas aller passer la visite du personnel navigant et abandonne l'idée de devenir pilote. Dans l'immédiat je ne le regrette pas car le camarade qui lui se présente, est éliminé pour cause de mauvaise vue. Je reste seul mais ne me suis pas présenté à la visite médicale et n'ai donné aucune excuse ! Une nuit cependant à me poser la question : *y vas-tu... y vas-tu pas ?* Ben j'y vais !!!

Il faut jouer serré car je n'ai pas assez d'argent pour payer le train. Je glisse mes prospections à ma cousine Odette, l'épouse du boucher Paul. Généreuse, elle assure le coup et m'avance la somme. Dès le lendemain je suis dans le train de nuit car il faut être au CEMPN à huit heures. J'ai entendu dire qu'il vaut mieux être ponctuel chez les « troubades ». Hélas le seul train qui peut faire la ponctualité du matin arrive à deux heures à la gare Saint-Jean de Bordeaux ! La situation est simple, je passerai ma nuit de deux à huit heures du matin couché sur un banc public à deux pas du Centre d'expertise du personnel navigant. Je vous laisse deviner ma forme, en particulier la vue ! Mais comme je n'avais aucune idée de ce qui m'attendait j'étais plutôt cool. Huit dixièmes à l'œil droit, inapte au siège éjectable... ça ne commençait pas trop bien... mais que m'importait, je n'y connaissais rien. Là d'ailleurs ne s'arrêtèrent pas mes ennuis. Le dernier contact était celui du colonel Chemin, patron du CEMPN et décideur suprême. J'entre dans son bureau appelé par sa secrétaire, je crois. Le médecin Chemin feuillette mon dossier... nerveux. Au bout d'un moment il lève la tête, me fixe et hurle :

— Que viens-tu foutre ici avec quinze jours de retard ?

— Mais Monsieur... osé-je balbutier !

Peine perdue, j'ai droit à « Mon colonel », car je ne connaissais rien aux grades, et là, il ajoute : « Fous-moi le camp, on n'a pas besoin de guignol dans l'Armée de l'air. »

Soit ; je regrette une seconde le prix du billet de train, me résigne en silence et tourne les talons sans aucune formule de politesse, évidemment !

C'est là que le Destin de l'individu que je suis prend la main. Je suis sur le trottoir qui doit me ramener à la gare vers Tarbes. Je ne suis ni triste ni malheureux, seulement déçu mais relativement indifférent. À ce moment ô miracle !!! Une voix me traverse les tympans : « Monsieur, Monsieur, le médecin colonel Chemin accepte de vous recevoir, revenez, il vous attend ! »

Il y a des moments où on est obligé de se pincer pour savoir si on ne rêve pas ! J'aurais d'ailleurs mieux fait de le faire avant de sauter du mur pour planer !

C'est alors que mon Destin bascule. Je serai pilote dans l'Armée de l'air !!!

Les écoles

Bien sûr, là ne s'arrête pas le « calvaire » de la sélection. Il me restait à monter à Paris, Versailles plus exactement car les tests psychotechniques se déroulaient dans les Petites Écuries du château.

Pas simple pour un petit provincial de se rendre à la capitale... et l'argent du voyage ? C'est mon oncle, le docteur Edmond, demi-frère de mon père qui intervient. Il me donne les sommes nécessaires et je l'en remercie vivement. Les tests psychotechniques très bien réussis, me voilà admis pour entrer en école de pilotage.

Nous sommes dans la phase deux. En effet, convoqué le 3 septembre à Pau, je passerai trois jours sous les ailes d'un Dakota, avant d'être dirigé vers Aulnat, par le train, aux frais de l'Armée cette fois.

Aulnat

Le 6 septembre 1956, je signais le premier contrat de coopération avec l'Armée de l'air qui se réservait le droit de me mettre dehors au moindre faux pas ou au plus petit échec.

À l'époque, une évaluation des qualités de l'éventuel « cocher » se faisait à Aulnat, actuel aéroport de Clermont-Ferrand.

Ce stage appelé Stage Nord s'effectuait sur Stampe SV4C.

Je ne comprenais pas tout, mais j'avais l'impression de bien piloter, comme je croyais bien conduire les automobiles. Lâché solo après sept heures de vol, j'avais un peu d'avance sur mes copains de promo. Normal, j'étais tombé sur le meilleur instructeur, monsieur Dupoux, soixante-cinq ans, un sage du métier qui a laissé ses empreintes sur son jeune élève. Il lui a également donné le goût du perfectionnement et du réalisme aéronautique. Merci Monsieur Dupoux !!!

Fin décembre, le Stage Nord se termine normalement. C'est le départ pour Marrakech, en Breguet Deux-Ponts. Cet avion, excellent quadrimoteur français, n'a été construit qu'à quatre exemplaires, torpillé par les Américains... comme le Concorde !

Marrakech
Philosophie du lâcher

La formation tronc commun des pilotes de la promotion 57A se faisait sur T-6. Cet appareil américain, petit chasseur à hélice, moteur de six cent cinquante horse-power[1], construit en très grand nombre, vole encore en France et dans plusieurs pays. Il a beaucoup servi en Algérie durant les mois de conflit.

Huit mois d'école à l'ombre de l'Atlas et les pieds dans l'eau du barrage de Cavagnac... Protégés par la Mamounia, c'est quatre-vingts heures de T-6 entre la piste en macadam de l'aéroport Ménara et la piste en latérite de Sidi Zouine.

Un instructeur sympa, l'adjudant Courtade mais un chef de promo... c... comme un jeune lieutenant ! Au début tout allait très bien dans la lignée d'Aulnat : lâché très tôt... puis arrive le « chaudron », le sirocco me surprend, me dessèche, m'anéantit ! Normal pour un petit Pyrénéen habitué à la fraîcheur des Gaves et de l'Adour.

C'est sans doute un de ces jours caniculaires – je suis mal réveillé pour n'avoir pas assez dormi sous un drap à 40 °C –, que mon « Gourou » aéronautique et non « brahmanique » choisira de me laisser partir seul en vol, un beau matin et sur la piste de Sidi Zouine. Mal lui en a pris... le pauvre il ne le méritait pas !

Pourtant l'atmosphère est calme, il fait presque frais mais hélas ma paupière droite reste collée et la gauche est lourde. Je réalise tout juste quand il me dit : « Arrête-toi au starter (endroit où se trouve la radio), je vais descendre ». Nous appelons cette action vécue une fois dans sa vie : le lâcher.

1. Horse-power (HP), en anglais, puissance de travail d'un cheval.

C'est à cet instant que ma paupière droite se décolle mais pas assez vite car la suite des événements aurait pu être dramatique. En effet mon instructeur descend, je n'ose pas hurler :

« Non Mon Adjudant... pitié ! » (Je rappelle que le « Mon » signifie Monsieur et n'est pas un adjectif possessif).

Alors je passe le message radio, je roule, m'aligne et décolle. Montée initiale, circuit, approche stabilisée. C'est OK mais je ne me rends pas compte que je suis dans un état second. J'agis machinalement ; je suis bien, mais amorphe ! Arrive l'atterrissage... ô certes, j'ai le badin nécessaire, sans doute plus d'ailleurs. La latérite de belle couleur ocre arrive à grande vitesse. En souvenir de mes rêves de petit garçon, je bande machinalement mes muscles qui ont grossi depuis. Je n'arrive pas à m'extirper de ce flou ouaté, rêve ou réalité ? C'est à ce moment-là que les roues du T-6 touchent le sol, queue (empennage) encore en haut !

Le moment à cabrer augmentant l'incidence de l'aile... la portance croît et devient supérieure au poids... l'avion redécolle. Horreur, j'ai oublié de réduire les gaz !

C'est dans cet état second que j'entends la voix de l'instructeur : « Mais put... remets les gaz ! » Le terme put... évoquant les « hétaïres » ne doit pas vous offusquer, l'instructeur est du Sud-Ouest et « put... » termine toutes les phrases : c'est la ponctuation !

Vous n'allez pas me croire cher lecteur, mais ce n'est qu'au troisième échec que mon maître du moment, me croyant perdu, me donne l'ordre de rentrer seul à Marrakech (Merrakc en berbère), les moyens d'intervention étant insuffisants à Zouine.

Mauvais moment pour l'adjudant !

Ce fut ma première navigation solo et sans préparation !

Sans doute cette nouvelle situation m'aide à sortir de ma « léthargie » légère mais accidentogène.

Arrivé à Marrakech comme une fleur, je suis quand même surpris par le ton fort paternaliste du contrôleur de la circulation aérienne et les moyens déployés. À croire que tous les pompiers stationnés au Maroc ont été appelés !

Je ne suis nullement impressionné mais je comprends enfin le sérieux de la situation, confus au premier abord mais surtout vexé en sous-impression.

L'adjudant Courtade démontrera que, ne supportant pas la chaleur, il me faudra attendre les bienfaits de la « mise en sommeil » de l'école durant tout le mois d'août.
Il avait raison, en septembre j'ai mieux assuré !

Cette mésaventure me servira dans ma façon d'aborder la pédagogie du fameux lâcher ! Les questions fusent avant la décision : *As-tu bu ou fumé la moquette ? As-tu dormi correctement ? As-tu eu des mots désagréables avec la belle-mère ?* Etc.
Jusqu'à aujourd'hui... pas d'émotion démesurée !

Ce tronc commun sur T-6 ne durera que huit mois environ et quatre-vingts heures de vol. En effet nous sommes tous dirigés vers le pilotage des hélicoptères. Compréhensible, il y a peu de pilotes et l'appel pour les missions en Algérie est important.

Le Bourget-du-lac

Ainsi au mois de novembre 57, nous voici installés au Bourget-du-Lac. Le lac du Bourget bien sûr, en Savoie, entre le Nivolet et la Dent du Chat. C'est beau mais surtout pratique pour faire des posés en montagne avec les machines. L'école est sous l'autorité du commandant Santini.

Un pionnier de l'implantation des hélicoptères en Indochine durant la guerre du même nom. Il est évident que nous ne sommes pas là pour faire de l'alpinisme, ça va chauffer !!!

La formation initiale se fera sur Hiller H-23. Cet appareil servait en Indo en particulier pour effectuer des évacuations sanitaires. C'est sur ces machines que le capitaine Valérie André, devenue général quatre étoiles, intervenait pour soigner et sauver les blessés. Est-il besoin de préciser que le capitaine Valérie est médecin ? Non, sûrement pas, tellement elle est connue pour ses brillantes actions... jusqu'à être secrétaire d'État si ma mémoire ne me fait pas défaut. Nous nous rencontrons encore, un vendredi par mois, à l'Aéroclub de France, lors des réunions des membres du Tomato. Il m'arrive même d'avoir l'honneur de la raccompagner chez elle à Issy-les-Moulineaux à l'issue du repas.

Ainsi de novembre 57 à mars 58, nous volons sur le petit H-23. Petit, car il n'y a que trois places ou un pilote et deux civières placées dehors, soit à l'extérieur du cockpit et de chaque côté pour équilibrer. Là tout change, nous passons sur les « Gros ». Enfin le Sikorsky H-19 ou éléphant joyeux serait plutôt moyen. Équipé d'un moteur en étoile Pratt et Whitney de 600 HP environ, il servait surtout à effectuer des évacuations sanitaires dites « évasans ». C'est d'ailleurs sur ce type d'appareil que j'en ai effectué le plus, environ trois cents ! Nous verrons cela plus tard si vous le voulez bien. Jusqu'ici rien d'extraordinaire mais seulement du peu commun. En effet, à l'époque, il n'y avait pas d'hélicoptère, donc pas de pilote, sinon très peu et en mission extérieure.

C'est effectivement en Indochine que prend racine le travail de ces drôles de machines. Puis c'est le tour en Algérie. Nous sommes donc destinés à traverser la Méditerranée pour aller exercer nos talents. Nos très jeunes talents, jeunes en âge, une vingtaine d'années en moyenne pour la promo 57A, mais très jeunes aussi en expérience. Quelque trois cents heures de vol au grand maximum et nous voilà en juillet 58 exactement sur le théâtre dit d'opération. La « transhumance » se fait le 29 du même mois. À ce stade les choses sérieuses commencent... Les écoles, c'était du jeu ! Un double jeu d'ailleurs : apprendre à piloter avions et hélicoptères, pour moi qui adorais la conduite automobile, ne pouvait que me combler. Je découvre le second jeu que je n'avais jamais cultivé jusque-là, la course à « l'échalote », me contentant de rester dans la petite moyenne pour ne pas peiner ma maman déjà suffisamment chagrine à cause de la mort de mon père, suite à sa participation lors de la dernière de 39-45...

En effet, je prends conscience de la concurrence... Ainsi le jeu prend forme, il ne suffit pas de réussir, mais il convient de mieux le faire que ses petits camarades. J'avais par ailleurs déjà ressenti ce « piment » en école où il n'était pas désagréable de faire mieux que les copains, disons émulation. Égaler ou surpasser, oui je découvre et m'accroche à cette façon d'être. Je me trouve alors un peu nouveau, pas tout à fait moi. Je ne suis plus l'étudiant falot, ni le dessinateur industriel, ni le garçon boucher... Sans me prendre au sérieux, jamais, j'ai le sentiment de naître ! Pour la première fois j'ai l'impression de grandir et d'être utile. Je crois aussi que je suis aidé en cela par le milieu dans lequel j'évolue. Ô certes, je vais surprendre mon petit-fils s'il lit ces lignes, mais il faut que je le confesse. Toutes ces prises de conscience sont dues, je crois, au milieu militaire. Je découvre un excellent esprit de camaraderie malgré la concurrence. Aucune fourberie, des attitudes saines en milieu exemplaire. La raison pour laquelle j'ose affirmer cela est simple. Après vingt-six années d'armée j'ai été tout à tour cadre en entreprise, pilote professionnel en compagnie, je n'ai jamais retrouvé cette fraîcheur de camaraderie, c'est l'esprit de corps qui me séduit :

« Un pour tous... et tous pour un »... Vous connaissez ?

Mais mes états d'âme peuvent ne pas intéresser mon lecteur. Je vais donc en rester là dans ce domaine et passer au travail sur H-19 et H-34 en Algérie.

L'Algérie : les évacuations sanitaires

L'affectation première est à Boufarik, le 1er juillet 1958, entre Alger et Blida, en pleine Mitidja. C'est pour le moins dépaysant !

Nous sommes donc affectés à l'escadron 2/57 équipé du fameux Sikorsky H-19, principalement dédié aux évacuations sanitaires. Mission plus qu'humanitaire, puisque nous évacuons tous les malades et blessés sans distinction de couleur de peau !

Je pense que c'est quand même intéressant de le préciser. Nous faisons le travail d'un Samu qui n'existe pas encore. Évacuations jour et nuit. Il nous arrivait de passer toute la nuit en vol en effectuant trois ou quatre évasans à la suite les unes des autres. Les règles étaient simples : « *Tu es d'alerte 24 heures, tu voles 24 heures si les missions l'exigent, Point !* » Pour ma part je n'ai jamais vu un pilote, un mécano ou une personne du corps médical se « défiler », sauf indisposition grave. Nous n'en étions pas plus fiers que cela. C'était le job. Je n'avais pas trop de mal à être plus souvent en l'air que les copains.

En effet, les collègues mariés ne couraient pas pour prendre les alertes, ça se comprend ! Il y avait aussi ceux qui n'étaient pas vraiment sûrs de leur capacité à réussir la mission.

Croyez que ce n'était pas simple, surtout la nuit, de trouver les DZ (*dropping zone*) ! Cette réticence est fort louable car ils avaient non seulement les blessés en charge mais l'équipage et la machine. Ils étaient donc très raisonnables !

En feuilletant mon premier carnet de vol ouvert le 16 octobre 1956 à Aulnat, j'y retrouve quelques dates marquantes. En particulier une qui me tient à cœur : c'est ma qualification de « premier pilote jour ». Ce titre correspond aux fonctions de CDB (commandant de bord). Excusez du peu ! Il y a de quoi être fier, avec le recul : à peine 20 ans donc mineur à l'époque puisque la majorité était de 21 ans, quelque quatre-vingts heures en opération et déjà responsable oserais-je dire !

Certes le H-19, deux pilotes, un mécanicien, un médecin ou une convoyeuse de l'air (infirmière d'État) qui porte les galons d'officier, ne peut embarquer que quatre blessés couchés. La vie n'a pas de prix, les responsabilités du sergent que je suis étaient démesurées mais c'était ainsi !

Ce n'est qu'en 1983 que tous les pilotes de l'Armée de l'air deviendront officiers. Il faut se rappeler que les aviateurs célèbres de la Première Guerre mondiale étaient sergents : René Fonck, Georges Guynemer, Roland Garros, etc. avant de devenir capitaines.

Pour passer officiers il fallait faire ses preuves, obtenir des résultats, donc être les meilleurs !

Sur hélicoptères, en 1958, nous pensions être dans cette lignée, être les meilleurs pilotes possible. Les officiers étaient rares et d'ailleurs non *ab initio* des voilures tournantes, des gestionnaires mais non des spécialistes. Ils le deviendront au feu comme le capitaine Santini en Indochine, le lieutenant-colonel Chantier ou le commandant Sagot, etc. L'Armée de terre en profite pour prendre ou reprendre les airs avec les « bananes » à Sétif avec le commandant Crespin.

L'Alat (Aviation légère de l'Armée de terre) tient bien son rang. J'ai travaillé avec ses pilotes et j'aurai l'occasion de relater une anecdote croustillante à Sétif justement.

Pour l'heure me voilà dans les rangs des pilotes opérationnels de l'escadron 2/57, commandé par le capitaine Lassus. Je suis le premier de la promotion à être qualifié. Cela se décide à l'issue d'un vol test, effectué à Chréa, commune de la Wilaya de Blida, située à 1 496 mètres. Ce vol correspond à un « posé » en montagne pour les évacuations à effectuer dans le massif du Djurjura (Kabylie) dont l'Alla Khedidja est le point culminant à 2 308 mètres.

Souvent enneigés, les paysages contrastent vraiment avec la Mitidja ou les bords de mer très proches, à quelques tours de rotor pourrait-on dire.

Ce vol représente une consécration à laquelle il m'est difficile de croire, plus exactement difficile de mesurer la responsabilité qui tombe sur mes frêles épaules de jeune homme... non je n'exagère pas !

Il y a quelques mois, à l'école, je considérais l'apprentissage du pilotage comme un jeu, il me semble même que nous avions tous cette impression. Maintenant je vais réaliser la vraie valeur des responsabilités d'un commandant de bord.

Cette émancipation, si je puis dire, je la dois à la confiance du sergent Douillard dit Doudou, qui sur le H-19 n°1049, à l'issue d'un vol de 1 heure 25 mn à 1 496 mètres, me délivre ma première qualification en opération le 4 novembre 58.

Merci Doudou, sans doute la méritais-je, puisqu'aujourd'hui, je totalise 43 000 heures de vol sur une centaine de types de machines, sans avoir à déplorer d'accident. Bien sûr c'est à la chance ou à ma bonne étoile que j'attribue la chose, car je suis adepte de l'adage : « Il n'y a pas de bons pilotes, il y a des vieux pilotes » ; qui prend ici toute sa valeur. D'autres, hélas, n'ont pas eu cette chance et pourtant ils la méritaient !

Enfin je vais rester prudent car je vole encore, environ deux à trois cents heures par an. Bien que je sois atteint d'hypoacousie, mon aptitude médicale a été prolongée jusqu'au 31 mars 2023. *Inch'Allah*, c'est dans l'air du temps !

Continuant de feuilleter ce fameux carnet relique, je m'aperçois que je n'ai pas vraiment eu le temps d'arroser cette qualification. Pourtant c'est la coutume lors de l'octroi de ce sésame.

En effet, le 5 novembre, toujours sur H-19 n° 1049, j'effectue en commandant de bord ma première évacuation sanitaire sur l'hôpital de Blida avec deux blessés graves. Certes, je ne pouvais être CDB que sur les missions effectuées de jour. La qualification de nuit ne saurait tarder ! Patience cher lecteur, nous allons feuilleter ensemble mes trente-six carnets de vol dont sept en tant que militaire et nous ferons une halte lorsque vous serez curieux de l'événement. Allons-y !

Les missions sont pour moi quotidiennes. Des évasans mais aussi des ravitaillements de postes ou des transports de passagers. Sans compter des vols d'entraînement car on commence à me confier quelques vols d'accoutumance à la navigation avec les retardataires ou les nouveaux venus.

Tiens, le 27 novembre, je vois un vol de nuit de 2 heures 45 min, or je ne suis pas encore qualifié.

C'est vrai, je suis en instruction pour obtenir cette qualif, que je crois être la dernière possible. Eh bien non, je serai aussi moniteur pilote en opération et pilote d'essais sur H-34. Rassurez-vous cher lecteur, je n'ai pas fait l'Epner (École du personnel navigant d'essais et de réception). Être pilote d'essais (diplôme à l'appui) permettait de tester les machines sortant des ateliers après révision ou réparation. Il ne s'agissait en aucun cas de réceptionner des prototypes. Par contre le diplôme d'instructeur permettait de former les pilotes en opération et de délivrer les qualifications.

Bref ! Ce 27 novembre, il s'agissait de prendre en charge un blessé crânien à Tizi Ouzou (Kabylie) pour l'évacuer sur la DZ d'Alger, *dropping zone* appelée Marcel-Cerdan.

Marcel Cerdan était champion du monde des poids moyens en boxe. Amant d'Édith Piaf, il sera victime d'un accident aérien. En effet, le Lockheed Constellation d'Air France dans lequel il a pris place pour la rejoindre, s'écrase sur l'île de Sao Miguel aux Açores. Il serait possible de dialoguer sur les causes de cet accident. À l'époque, les moyens pour traverser les couches nuageuses, dit IMC[1] étaient rudimentaires. Les conditions météo étant très mauvaises de nuit ont sûrement été la cause de la catastrophe. C'est donc en souvenir de ce champion et de son aura que la DZ de l'hôpital Maillot d'Alger a été baptisée ainsi.

Je ne suis pas encore qualifié premier pilote de nuit. Pourtant avec le sergent Ragot (copain de promo, non qualifié) et le sergent Parthonneaux mécanicien, nous partons en détachement deux semaines à Orléansville, département français d'Algérie entre 1957 et 1962. Nous y effectuons 41 missions dont 22 évacuations sanitaires, transportant ainsi une trentaine de blessés vers le camp de base. De retour à Boufarik, les choses ne traînent pas. Le 18 décembre 58, sur le H-19 n°1074 et toujours sous l'autorité du sergent Douillard, je passe et réussis les épreuves de « premier pilote nuit ». C'est la consécration qui me permettra, à l'avenir, d'honorer toutes les missions de jour comme de nuit.

Même pas six mois nous séparent de notre arrivée sur le territoire hostile… dit à l'époque en opérations du « maintien de l'ordre » !

1. *Instrument meteorological conditions.*

Une petite pensée quand même pour Doudou mon « bourreau », qui a terminé sa carrière comme pilote de ligne à Air Inter ainsi que beaucoup de pilotes militaires. Nous communiquons toujours agréablement.

Les jours passent, les missions pleuvent de jour comme de nuit. Nous sommes souvent stationnés dans la nature au PC (poste de commandement). C'est le cas ce 26 mars 1959 où, basés à Bou Saada, nous nous mettons à la disposition du capitaine X, patron du PC. Décollage immédiat, quatre blessés à ramener à l'antenne médicale du PC. De retour, le mécanicien m'interpelle après avoir fait le tour du n° 181. Il avait entendu des claquements. « Regarde », me dit-il en joignant le geste à la parole. Deux impacts de balle dans la jambe du train gauche. Mes connaissances sans prétention aucune, me permettent d'en apprécier la gravité. « Rien de grave cette fois, lui dis-je, attendons la prochaine rafale » ; c'était monnaie courante, l'hélicoptère étant particulièrement vulnérable !

En bon CDB, le soir venu, j'adresse le compte rendu à mes chefs. La réponse ne se fait pas attendre : « Venez demain soir changer de machine à Boufarik ! » signé lieutenant-colonel Chantier Louis, un soldat de 39-45, pilote et au caractère bien trempé. Il commandait la base école de Marrakech quand nous étions sur T-6.

Il ne faut pas oublier que je suis sergent, presque du contingent et pas encore militaire de carrière. Le colonel Louis ne semble pas impressionné par ma réponse qui fuse : « Aller changer de machine et "bouffer" six heures de potentiel, ridicule ; non, nous n'irons pas ! »

Surprise de l'équipage qui craint à juste titre pour mon matricule.

Puis nous continuons tranquillement les missions.

Le 29 mars, nous échoit une mission peu ordinaire, toujours avec le n°181 qui ne pose pas de problème. Nous sommes priés de décoller immédiatement pour récupérer deux morts et deux blessés, dans la nature. « Il y a eu un accrochage violent et imprévisible » dit le chef du PC. En effet, ce serait la quatrième katiba[2] qui aurait été accrochée, et le colonel Amirouche,

2. Correspondant généralement à un bataillon ou à une compagnie. Nom utilisé en français pour une unité ou un camp de combattants lors de différents conflits en Afrique du Nord ou dans le Sahel. N.D.E.

prestigieux de l'ALN, ainsi que Si el Haoues seraient morts. À l'arrivée sur place, on nous amène ces deux chefs de la katiba et les deux blessés graves. Nous ne traînons pas pour le retour au PC. Cependant le mécanicien a le temps, sans autorisation, de fouiller les caisses de documents accompagnant les chefs. Il y avait les soldes des personnels de la Katiba et des tampons. Puisqu'il y a prescription, je vais vous montrer celui que les légionnaires m'ont donné à l'issue de cette mission hors du commun.

Le 30, nous effectuons une modeste évasan de trois blessés sur l'hôpital de Bou Saâda sans se douter de la suite des événements. Car le 31 au matin, un dimanche si mes souvenirs sont exacts, nous entendons le sifflement de la turbine d'une Alouette II (premier hélicoptère français à réaction).

L'Alouette se pose, il n'est pas loin de midi, nous sommes sur le Tarmac bien sûr. Le pilote descend, se dirige vers nous, reconnaissables grâce à nos combinaisons de vol, habit de lumière ! Mais c'est le colonel Chantier, Petit Louis ! Il ne se trompe pas :

— C'est toi Daroux ?

— Oui Mon colonel !

— Monte immédiatement dans ta machine, imbécile !

Là je crois que je reste volontairement poli... pour respecter la bonne éducation des officiers en général. J'ai déjà dit que j'étais sourd, surtout de l'oreille gauche. Je crois bien que c'est depuis cette « ramonée ». L'équipage inquiet me dit avoir vu les parois du cargo du H-19 vibrer comme les peaux d'un tambour...

Vous comprenez bien cher lecteur qu'il n'est pas bon de désobéir... même si on a raison et surtout quand on est militaire. Je l'ai réalisé ce jour-là et j'ai adhéré, car le colonel Petit Louis n'a pas puni le petit c. que j'étais !

La suite, sans déjeuner et sans se plaindre, nous enfourchons nos 600 HP (puissance du moteur de notre n°181) et fonçons à Boufarik changer de monture. Nous reprendrons nos fonctions le soir même avec le H-19 n° 615.

Il ne faut pas attendre longtemps pour essuyer à nouveau des tirs, je ne dirai pas ennemis. L'Algérie a vu débarquer des Français à Sidi Ferruch le 14 juin 1830 qui se sont installés définitivement le 23 décembre 1847. D'ailleurs, nous faisions du « maintien de l'ordre ». En réalité nous sommes « des flics » sauf que les autochtones sont sacrément bien armés et organisés.

Le 1er avril nous voyons depuis le PC (poste de commandement) l'accrochage sur la colline d'en face, ça tire sans arrêt. En principe il convient d'attendre une accalmie pour aller chercher les blessés. Le patron, un lieutenant-colonel dont je n'ai pas voulu retenir le nom, s'en balance et l'ordre fuse :

— Il y a de nombreux blessés dans le carré NW75B85, il faut y aller !

— Mais Mon colonel...

— Décollez immédiatement !

— Ah !

Je scrute la tête de mon copilote, l'adjudant-chef LIA (un ancien du transport aérien sur Nord 2501, habitué au niveau de vol 100, c'est-à-dire 10 000 pieds, soit environ 3 000 mètres). Sa réaction est immédiate : « Inutile de mettre les gilets pare-balles, nous ne reviendrons pas ! »

Encourageant le Vieux Soldat ! Le mécanicien, le sergent Stalin est plus discret, il détourne le regard. Nous nous installons sans mot dire. Les tremblements disparaîtront dès que le moteur tournera, c'est bien connu !

Nous arrivons sur les lieux, ça tire toujours. Je renifle le danger, fais une approche en zigzag et quasi en autorotation. Soudain je perçois des éclairs au sol ; au même moment un crépitement assourdissant qui me laisse des acouphènes terribles dans l'oreille gauche. Le mécano hurle dans le micro de son casque que la BTP (boîte de transmission principale) est percée, et dit être inondé par l'huile qui coule à flots. LIA ne dit rien, il sait le danger mais c'est un soldat. Je passe en autorotation complète et me dirige vers la plaine. Il faut faire vite, la mécanique risque de gripper d'une seconde à l'autre. Situation désagréable, la cellule du H-19 tournerait alors aussi vite que le rotor principal. Je ne pense plus aux tirs, le pilotage m'accapare, c'est « le sauve-qui-peut ! »

Posé réussi, ça tire toujours, nous sautons à terre Mac 50 et carabine US entre les dents. Nous sommes tapis derrière des mottes de terre à dix mètres de l'hélico. L'accrochage cesse, le silence devient assourdissant, ce sont mes acouphènes qui décuplent. Je donne l'ordre au mécano de récupérer le quartz de la fréquence opérationnelle. Ce sont les consignes. Il revient en courant, trop vite sans doute, car il perd le quartz... Inutile de préciser que nous avons dû répondre à quelques questions indiscrètes. Nous n'avions pourtant pas des têtes de « barbouzes » avec nos vingt ans et quelques mois !!!

Il ne nous restait plus qu'à compter les trous, 9 impacts et tous de mon côté... Je n'aurais pas été en virage à droite au moment du départ des coups, je prenais les balles en pleine « tronche » ! Ce jour-là, j'ai remercié le Ciel de m'avoir inspiré !

De plus ce n'était pas la BTP qui était touchée, mais le réservoir du liquide hydraulique de la servocommande. Ce qui nous a permis de rapatrier la machine au PC, *servo off* pour dépannage... et de poursuivre.

Sétif

Une autre mauvaise aventure qui me vient à l'esprit sur H-19, se passe aux environs de Sétif. La nuit tombe et l'ordre arrive. Il faut aller ravitailler une section de harkis au sommet d'un piton, plein sud de Sétif. La base est caractérisée par la présence de bananes (Chinook appareil américain) mais aussi des H-19 de l'Armée de terre. Nous disons La Crespin Air Force. En effet, depuis avril 1955, le colonel Crespin commande le GH2 à Sétif, groupement d'hélicoptères bananes et H-19 (chance). Pourquoi chance ?

Je vais reporter ici une aventure dont j'ai fait le récit à Germain Chambost dans son livre *Missions de guerre* (éditions Altipresse). Sic Germain :

« *En cette année 1956, comme le raconte Jean-Louis Daroux, "le maintien de l'ordre" bat son plein en Algérie. Jean-Louis, orphelin de père depuis l'âge de dix ans est élève à l'École nationale professionnelle de Tarbes. Il envisage d'entrer aux Arts et Métiers avec en point de mire une carrière d'ingénieur. Par ailleurs à l'instar de beaucoup de ses camarades, il se porte volontaire à la préparation militaire supérieure. Dans le cadre de cette préparation, les jeunes gens suivent des cours de mécanique avion, passionnant ! Entre deux explications sur le retard à l'allumage ou le réglage du mélange carburé, la discussion s'installe. L'époque est au service militaire de longue durée, normal avec les événements d'Algérie. Avoir un peu moins de vingt ans et se dire qu'on va passer trente ou trente-cinq mois dans Les Aures, la perspective n'a rien d'affriolant* ».

Dans mon esprit il s'agit de concilier l'obligatoire avec l'utile et disons l'agréable. L'agréable serait le pilotage... à ce stade vous savez tout.

Passons donc à cette mission du 9 juillet 1959. Nous sommes en place à Sétif, alors que le crépuscule tombe, nous recevons l'ordre d'aller ravitailler en eau une compagnie de harkis. Nous calculons la charge que notre H-19 peut raisonnablement soulever, en fonction des conditions du moment, en particulier de la température.

Arrivés sur l'aire d'embarquement, les pilotes s'installent tranquillement au poste de pilotage placé en hauteur, au-dessus du cargo où prend place le mécanicien, chef de soute à qui j'ai donné la consigne de contrôler le chargement. Nous le savons, les petits hommes en kaki prennent les hélicoptères pour des GMC (gros camions). Le chargement se passe sans encombre apparemment.

Lors du décollage, je m'étonne quand même un peu du comportement de la machine. Je trouve que mon copilote aux commandes n'est pas très adroit ! Mais cela ne m'inquiète pas outre mesure. Le trajet vers la DZ se déroule normalement. La croisière ne pose généralement pas de problème sur hélicoptère, *a contrario* des phases de décollage ou d'atterrissage.

Arrivés au-dessus du point où bivouaquent les troupes au sol, nous apercevons le fumigène allumé pour nous permettre de déterminer la direction du vent et décider notre axe d'approche… face au vent naturellement. J'effectue un passage de reconnaissance sur le piton rocheux où nous attendent les harkis. Nous constatons que la zone de poser proposée nécessitera un appui deux roues. De plus, la direction du vent est incertaine, ça tourbillonne ! J'hésite à reprendre les commandes mais place quand même la main gauche sur les gaz qui se trouvent au bout du collectif, c'est-à-dire la commande du pas général des pales du rotor. L'autre commande, le manche si vous voulez, commandera le pas cyclique des pales permettant de diriger la machine. Les pieds sur les palonniers ne servent qu'à maintenir un axe.

Pas facile le pilotage sur une voilure tournante nécessitant adresse et coordination. Une des difficultés majeures disparaîtra avec la gestion automatisée des tours rotor en fonction du pas. Apparition des turbines ou du « Governor » sur le Robinson en particulier. Mais là n'est pas le problème.

Je savais que nous étions lourds, trop lourds sans doute, mais, surtout en approche finale, nous sommes victimes d'un courant rabattant qui nous plaque irrémédiablement au sol. J'ai repris les commandes mais ne peux rien faire, c'est la chute des tours accompagnée d'un contact un peu viril avec le sol et hélas, le rotor de queue touche un petit rocher. Je remets des gaz pour reprendre un régime rotor adapté. À ce stade je ne peux pas lire les paramètres tellement ça vibre fort. Germain Chambost écrira que nous avons reçu un projectile dans une pale. Nous voilà bien... et c'est à ce moment précis que je vois sauter par la porte du cargo deux soldats de masse imposante.

— C'est quoi ces mecs ?

— Deux colonels qui sont montés avec la flotte à Sétif ! répond le chef de soute.

— Et tu ne me l'as pas dit !

— Mais je croyais que tu le savais.

Voilà le dialogue de sourds qui me donne la raison pour laquelle nous étions trop lourds. Ce qui confirme que les kakis de l'époque prenaient les hélicoptères pour des GMC. Heureusement ça a changé depuis.

Moteur coupé, casques enlevés, nous avons le loisir d'entendre les coups de feu qui claquent de tous côtés. Pour un accrochage, c'est un bel accrochage et il durera toute la nuit. Une nuit d'horreur !!!

Plaqués sous le ventre du H-19, carabines US prêtes à faire feu, nous resterons ainsi jusqu'au matin, assistant plus ou moins à l'affrontement qui se déroule à la lueur des lucioles, bombes éclairantes qui descendaient au bout de parachutes largués depuis les bimoteurs Nord 2501 qui tournent au-dessus de nos têtes. Ces lucioles permettent d'illuminer le terrain. L'incertitude est totale.

Comment différencier dans ce cercle de lumière délimité par les lucioles, les amis harkis des ennemis fellaghas ? Car maintenant je dois le reconnaître, ça ressemble à la guerre !

Dès les premières lueurs de l'aube, un H-34 de dépannage arrive, mais le secteur est très mal pavé.

Le pilote essaie de se poser sur la crête : raté, c'est impossible ! L'hélicoptère crève même deux de ses trois réservoirs d'essence sur une souche qui dépasse du sol. Le pilote renonce et repart sans autre forme de procès. Les harkis décrochent... c'est le silence. Nous restons seuls ! Il n'y a plus grand espoir de recevoir une quelconque aide extérieure étant donné les circonstances.

Les deux colonels que nous n'avons d'ailleurs pas revus sont sans doute partis avec la section de harkis.

Que faire ? Et là je crois que mes notions acquises à l'ENP de Tarbes m'ont aidé à résoudre l'équation. Le constat est simple, il manque dix centimètres environ à une pale du rotor de queue (anticouple). C'est pour cela que les vibrations interdisent le vol. Le mécanicien, le sergent Mery m'observe, inquiet lui aussi. Quant à l'adjudant-chef LIA, il regrette le Nord 2501 au FL (*flight level*) 80 ou 100 et ne donne aucun avis. Il faut que la situation soit « cornélienne », pour qu'un sous-officier expérimenté attende la décision d'un « jeune blanc-bec » d'une vingtaine d'années, peu expérimenté.

Avec le recul je me pose la question, ai-je eu la lumière d'Allah (nous sommes plus ou moins chez lui) ou l'école Jean-Dupuis de Tarbes fabrique-t-elle de très bons techniciens ?

J'expose timidement mon idée à l'ingénieur de la graisse :

— Aurais-tu dans la caisse à clous un mètre et une scie à métaux ? lui demandé-je.

— Affirmatif ! répond-il un peu surpris.

Noter que l'accident de Tenerife n'a pas encore eu lieu et que *Affirm* n'est pas à l'ordre du jour.

— Te sens-tu capable de grimper là-haut sur la poutre de queue ?

Regard ébahi du mécanicien !

— Là-haut ?

— Oui, là-haut, tu vas y aller, mesurer les deux pales du rotor et couper la plus longue à la même longueur que l'autre. Si nous ne nous débrouillons pas nous-mêmes, notre H-19 va servir à fabriquer des casseroles dans lesquelles les « fells » nous feront cuire à petit feu.

La perspective de rôtir ou bouillir à petit feu est un argument de poids qui emporte la décision. Le mécano grimpe aussitôt sur la queue de l'hélicoptère et se met au travail.

Je reste immobile au sol et de temps en temps, Mery me jette un regard assassin qui semble dire : « Il est fou ce mec », habitué à travailler au pied à coulisse ou au palmer. Il ne comprend pas !

Pour mieux comprendre il faut savoir que le rotor de queue constitue un élément essentiel et indispensable pour contrecarrer le couple engendré par le rotor principal.

Tout en regardant le mécano travailler, bricoler plus exactement, je laisse mon esprit vagabonder. Si les deux pales sont raccourcies, la force anticouple sera moindre et le pilotage délicat, voire impossible. Inutile de dire que je n'avais ni le temps ni les moyens de faire des calculs. Je pensais seulement que le stationnaire serait inenvisageable, que nous pivoterions aussi vite que le rotor principal mais en sens inverse. Seul le vol en translation serait possible, et encore il faut voir. Reste à résoudre le problème du décollage qui comprend une courte phase quasi stationnaire !

Pendant ce temps le mécanicien scie et lime, puis il descend de son perchoir et annonce : « Elles sont pile à la même longueur maintenant... avec cependant 20 centimètres de moins ! » C'est un moment de recueillement, un ange passe, et je fais un baiser discret à la médaille de saint Christophe que je porte au cou, très discret car peut-être que ce saint n'est pas dans les petits papiers d'Allah... Or nous sommes sur le territoire du Prophète et comme je suis superstitieux, pas de provocation inutile !

Je pose tout de même la question à l'équipage, surtout au vieux transporteur, en expliquant que lors du décollage, j'envisage de plonger dans la vallée sans tirer trop de puissance, en espérant que le vent relatif de la vitesse acquise ainsi, suffise pour garder le H-19 en ligne de vol. Pas un mot en écho ! Je suis seul face au regard réprobateur de l'adjudant-chef. Croyez-le, je me mets à sa place ; habitué à décider, là il subit, mais très dignement, sans mot dire, bien qu'un peu « blanc de peau » comme le chantait Claude Nougaro !

Le moteur ronronne bien, j'embraye le rotor, ça vibre terrible ! Je distingue à peine le compte-tours. Je tire sans doute assez brutalement sur le collectif, le cyclique légèrement secteur arrière, pied poussé à fond du bon côté. Je suis surpris par la facilité de la manœuvre, normal nous sommes à vide pensé-je. Et nous plongeons pour prendre de la vitesse, sans elle nous sommes morts !

Le Prophète sait sans doute que nous sommes là pour sauver des vies sans distinction aucune.

Je l'ai fait et l'affirme sur l'honneur, Muhammad nous a épargnés.

J'arrive à stabiliser la machine sur son axe de roulis, ô certes un peu en crabe, mais ça marche !

Ça vibre aussi beaucoup, mais ça vole !

Reste encore à gérer l'arrivée à Sétif. Heureusement il y a une piste très longue. Je garderai donc de la vitesse jusqu'au toucher, poserai en rouleur et garderai l'axe aux freins jusqu'à l'arrêt complet.

Et tout a très bien marché !!! Merci mon Dieu ou Allah puisque c'est le même.

Cependant j'ai l'impression que l'équipage à ce moment précis, me considère comme un prestidigitateur qui a joué avec le Destin. Ils ne feront aucune remarque bien qu'un peu pâlots et resteront dignes !

Et maintenant que vais-je faire, vous le savez ?... À ma grande surprise, aucun compte rendu d'accident ne sera transmis aux autorités de l'Armée de l'air. Amen !!!

Les mécaniciens de l'aviation légère changeront le rotor de queue du H-19 et garderont en trophée les deux pales tronquées du rotor accidenté. Personne ne viendra jamais s'excuser pour l'embarquement des deux officiers de l'ALAT, cause de la surcharge et de l'accident.

Dans l'Armée de terre comme dans la Marine, un officier, surtout supérieur, n'a pas à adresser des excuses à un sous-officier, même si ce dernier a des responsabilités d'un chef de bord. Depuis les choses ont évolué dans le bon sens. Enfin je dois reconnaître que ces deux colonels avaient admis leur erreur. D'ailleurs la frayeur éprouvée a sans doute été une bonne punition... Alors les mots, quelle importance !

Les situations délicates étaient si nombreuses sur hélicoptère, à cette époque, que les souvenirs se bousculent. Le 23 avril 1959 sur H-19 n°177 me voilà en évasan primaire (au feu), dans la région de Bou Saada. Les troupes françaises sont accrochées par les rebelles. Nous arrivons sur les lieux et nous posons le plus rapidement possible pour éviter d'être pris pour cible.

Nous savons en effet que, malgré les accords de Genève et de la Croix-Rouge, croix que nous n'avons pas sur notre machine, les combattants du FLN nous tirent dessus dès qu'ils sont en combat effectif. Le reste du temps ils nous font des signes amicaux parce qu'ils savent que nous embarquons aussi leurs blessés. Bref !

Nous sommes posés mais toujours aux aguets. En levant machinalement les yeux, j'aperçois sur le mamelon d'en face, une lignée de fusils et de têtes enrubannées. Un véritable peloton d'exécution qui ne demeure pas inactif. Il semblerait bien que les tirs nous soient destinés.

Je distingue le départ des coups, impression fort désagréable mais que faire sinon attendre le « OK cargo » du mécanicien lorsque l'embarquement des blessés sera terminé. Des secondes qui durent une éternité ! Nous sommes deux cibles idéales avec nos casques de pilote bêtement blancs ! Nous devrions être morts !

Mais force est de croire que les combattants du FLN ne nous avaient pas pris pour cible, nous l'avons appris plus tard. Ils avaient respecté la « Croix-Rouge » absente sachant qu'il pouvait y avoir un blessé de leur camp.

Vous voyez, cher lecteur, les soldats sont respectueux des conventions, ceci en est la preuve !

La trotteuse de la montre de bord semble musarder sur le cadran. L'attente est interminable et j'ai des crampes à l'estomac. Un capitaine et un lieutenant se trouvent accoudés à la jambe du train droit de mon côté. Le capitaine a le pied posé sur la roue du train principal. Je les observe, ils dirigent l'embarquement des blessés. Cette observation attentive m'empêche de penser au danger qui nous guette, ainsi je suis moins sous l'influence de la peur. Quand soudain le capitaine paraît chanceler. Mon regard va machinalement de mon compte-tours, que je dois garder à la valeur nécessaire au décollage, vers les hommes qui assurent le chargement. Tout à coup mon regard se fige, je viens de voir « quelque chose » jaillir de la nuque de l'officier. Celui-ci tombe en arrière. Son visage m'apparaît en pleine lumière, l'œil droit a disparu laissant le trou de la balle béant d'où commence à couler le sang. Le lieutenant et le mécanicien de bord se précipitent et le tirent dans la soute.

« Décolle, décolle ! » hurle le mécanicien. Je m'exécute sans hâte, j'ai compris. C'est une balle qui avait malheureusement touché le capitaine. J'effectuerai même un passage au-dessus des rebelles pour les remercier de ne pas m'avoir pris pour cible alors qu'ils le pouvaient. Là encore, j'ai la conviction qu'ils nous visaient seulement lorsqu'ils étaient au combat, là ils étaient en embuscade.

Mais c'est une autre histoire qui ne concerne pas les équipages des hélicos. Je veux parler du sort des blessés du FLN que nous ramenions dans les hôpitaux... Je crois que c'était « œil pour œil, dent pour dent », logique en temps de guerre.

Les H-19 arrivant en fin de service en Algérie, en septembre, l'escadron 2/57 est dissous.

Le Sikorsky H-34

C'est ensuite la transformation sur Sikorsky H-34, plus gros, plus puissant mais extraordinairement performant. Les cours théoriques se feront au Bourget-du-Lac en juillet, la pratique étant acquise sur le tas, en opérations à Boufarik.

Je ferai ma dernière évacuation sanitaire sur le H-19 n°177, le 9 septembre 1959 :

Boufarik-Aumale-Alger, 2 heures 30 mn de vol de nuit pour transporter un blessé !

Les choses vont changer hélas, habitué et très satisfait de mon sort à savoir sauver des vies sur H-19.

Le Sikorsky H-34 est non seulement dévolu aux évasans, au ravitaillement des postes éloignés, mais il est beaucoup plus « guerrier » ! Certes ce n'est pas un avion de chasse... mais dans certains cas il peut être meurtrier. Enfin ne suis-je pas militaire ? Je me dois d'obéir quelles que soient mes convictions profondes. Je trouve la guerre ridicule mais certaines informations et surtout des images dans les journaux locaux me piquent au vif. Évidemment on n'y trouve qu'un son de cloche... mais à 20 ans, l'expérience de la vie fait défaut !

Désigné pour effectuer des missions « pirate » je n'ai pas le choix, il faut y aller.

Le H-34 « Pirate » est donc ce beau et puissant Sikorsky. Il est équipé de deux mitrailleuses 12,7 et d'un canon de 20 mm. Je serai le pilote de l'officier qui prendra la décision des tirs. Le tireur sera un soldat du contingent, tireur d'élite. Je participe, mais piloter me semble être moins impliquant que d'appuyer sur la gâchette.

Et dire que j'ai été pendant vingt-six ans militaire, oui mais après « mûrissement » mes sentiments se sont adaptés, donc ramollis !

Le 3 avril 1960 je me trouve en détachement opérationnel à Sidi Aïch, non loin de Bougie. L'intervention consiste à neutraliser une zone dans laquelle doivent se poser six H-34 chargés chacun de huit commandos. « Neutraliser » consiste à éliminer les risques en arrosant copieusement les buissons de tirs de mitrailleuse. C'était la mission principale du Pirate.

Près du douar de Souk el Tenine, alors que nous volons à très basse hauteur, notre tireur le caporal M. signale qu'il vient de voir deux fellaghas, paysans combattants, s'échapper en courant. Le bruit des 1625 HP de notre moteur et le *flapping* des pales du rotor ont dû les apeurer et les pousser à quitter dare-dare le champ. Le chef de mission, le lieutenant B. ordonne de faire demi-tour, c'est dans mes cordes. En entendant l'hélicoptère se rapprocher, les fuyards courent de plus belle. Ce sera leur perte car l'ordre de tirer est donné ! Le tireur s'exécute avec une adresse inouïe. Je me souviendrai toujours n'avoir entendu qu'un seul départ de coup, un seul tir au canon de 20 mm. Puis l'ordre du chef de mission « on passe à l'autre », l'un des deux combattants a donc été touché. Il court encore mais de façon bizarre, il perd du terrain sur son compagnon, il zigzague, il titube. Je pense avoir vu quelque chose de blanc rester en arrière comme si celui-ci avait abandonné un objet qui l'encombrait pour s'alléger. Je signale le fait au lieutenant B. : « On y revient, fais demi-tour ! »

Je ne tarde pas à retrouver le premier fellagha. Il est à genoux dans l'attitude de prière (prélude à la mort). Derrière lui une large tache de sang. Dix à quinze mètres plus loin, en amont, une autre tache mais blanche celle-là avec quelque chose de noir à côté. Je distingue mal ce « quelque chose » en question. Enfin j'arrive à l'identifier, la tache blanche est sa sandale, la tache noire plus longue, si je puis dire, n'est autre que sa jambe recouverte de son pantalon, l'ensemble arraché par l'obus de 20 mm... Avec le sang qui coulait de sa plaie béante, il mourra très vite.

Sur le moment j'éprouve surtout un sentiment de disproportion des moyens mis en œuvre pour abattre un homme. Un tel étalage de technique pour estropier et tuer un combattant adverse m'apparaît totalement aberrant !!! Ce sentiment se transforme rapidement en une sensation de malaise quasi insupportable.

Par la suite, je vais tout faire pour revenir aux évasans et éviter de participer à ce genre d'intervention, difficile à admettre pour un soldat… mais ce fut ainsi !

Nous sommes le 12 juillet 1960, il y a déjà quelques mois que je suis affecté à l'escadron 1/58, toujours à Boufarik. Ce jour-là j'ai volé sur le H-34 n°1071 pendant 1 heure 15. Le commandant de bord et examinateur est le lieutenant Maille. C'est encore un jour remarquable pour moi. Je viens de réussir le test de moniteur de vol et pilote d'essais (ce titre peut être considéré comme usurpé). Mais je rappelle que ce titre ne permettait que de faire des vols de réception d'atelier après révision ou réparation. Par contre, « moniteur en opérations » ouvrait tous les droits ou presque.

Les missions sur H-34 se succèdent à un rythme soutenu. La 1/58 quitte Boufarik et s'installe à La Regaïa, tout près de la mer. Sur ce site il n'y a que des hélicoptères H-34 et Alouette II.

L'Alouette est une machine entièrement française munie d'une turbine. Le pilotage est plus facile car les tours rotor et la puissance du moteur sont gérés automatiquement par la position du collectif. Mais il y a risque de « pompage » de la turbine si on dépasse 14 °C et c'est le crash ! Nous verrons cela plus tard.

Le 10 octobre nous voici en détachement à Teleghma. L'équipage se compose du sergent Daroux commandant de bord et moniteur, le copi le sergent Urset toujours décontracté, trop même (ceci ne l'empêchera pas de devenir pilote de ligne) et le mécano le sergent Ferry très compétent et disponible avec lequel je ferai de nombreuses missions.

Le 11, nous décollons avec le H-34 n°956 pour transport de commandos dans le carré RX23B52. Nous sortons la carte au 1/50 000. Ce type de mission était rare sur le H-19, il est fréquent sur le H-34. En approche sur le piton j'ai un mauvais pressentiment.

Tout en surveillant le pilotage, je scrute les environs de la DZ. Nous atterrissons alors que le n°5 de la DIH (division intervention hélicoptère) vient juste de décoller. C'est dans l'ordre des choses, la formation comporte toujours six appareils, un leader et un n°6 avec un instructeur à bord pour faire face à toute éventualité, en particulier à une évacuation sanitaire.

Dès que nous sommes posés, je conseille au sergent Urset de conserver les tours rotor/moteur au cas où… Il n'en fera rien et les laissera chuter mais je n'ose pas le lui reprocher, grosse erreur à mettre sur le compte d'une jeunesse trop tendre !

Pour contourner ce problème pourtant vital, vous allez voir pourquoi, je me penche pour régler la fréquence du radiocompas sur Allouis (c'est l'émetteur de radiodiffusion de France Inter, grandes ondes sur 162 kHz jusqu'en 2016. Nous écoutions souvent de la musique sur cette fréquence). Mon idée est de snober un peu le danger ! Et c'est à ce moment précis que mon Destin se joue à la fraction de seconde. En tant qu'instructeur je suis assis en place gauche, la place droite sur hélicoptère étant dévolue au pilote en fonction, *a contrario* de l'avion, sauf pour les chasseurs bien sûr ou elle est au centre. Le Destin ! C'est là qu'aurait dû s'arrêter ma vie… sans compter sur la bonne fée qui me conseille à l'oreille du casque bien sûr ; « Écoute vite la musique mon petit »… ou alors tout simplement mon instinct de conservation.

Jusqu'à aujourd'hui je n'ai jamais eu peur de mourir mais affreusement peur de souffrir !

C'est donc à cet instant que je me penche pour tourner la manivelle du radiocompas qui se trouve sur la console centrale du cockpit. J'ai alors l'impression de distinguer une lueur extrêmement fugace à l'avant gauche du pare-brise et je perçois presque simultanément deux claquements sinistres.

J'ai compris, nous sommes la cible, comme à la foire ! J'ai gommé de ma mémoire le fait que mon copi ait laissé chuter les tours et là les pilotes d'hélicoptère comprendront. Ce qui fait la rigidité nécessaire des pales est là, la force centrifuge MW2R, sans elle les pales plient et c'est le crash ou on ne décolle pas ! Oh ! Il manque beaucoup de tours. Pas le temps d'attendre la seconde salve, je prends les commandes et tire comme un âne sur le collectif. Heureusement les commandos ont sauté et je fais une faute n'attendant pas l'avis du soutier « OK cargo » qui n'est pas descendu et n'a fait que respecter les consignes… mais sait-on jamais ! Léger, mon H-34 décolle, je sais que nous n'irons pas loin avec ce régime rotor, et le moteur gaz à fond vissés en bout de collectif ne peut développer toute sa puissance. Cornélien !!!

Heureusement nous sommes sur un piton au-dessus de la vallée. Cyclique plein avant, je précipite le H-34 dans le vide. Dans cette descente « aux enfers » j'ai besoin de moins de puissance. J'en profite donc, gaz vissés à fond, de baisser le collectif par à-coups pour récupérer ces tours.

Et ça marche puisque je suis là pour vous le raconter !

Une remarque anodine, Urset n'a jamais plus laissé baisser le régime.

C'est alors que je respire enfin un peu. Le silence relatif dans les casques nous repose mais ça ne durera pas longtemps. Qui a dit qu'un em... n'arrive jamais seul ? Eh bien il avait raison. Le mécanicien de soute, juste situé sous la boîte de transmission principale (BTP) et le système hydraulique annonce : « Nous sommes touchés, je suis inondé de liquide hydraulique, les bâches sont percées ! »

Nous avons volé trois ou quatre minutes, c'est-à-dire que nous sommes toujours en zone accrochée. Donc danger immédiat ! D'un autre côté, si on ne se pose pas très vite l'appareil sera impilotable si nous perdons les deux servocommandes. Je décide de faire un appui, une roue à flanc de montagne. Puis je demande au mécanicien de venir voir par le panneau extérieur gauche où en sont les niveaux de liquide hydraulique pour prendre une décision. Je le vois surgir sur le marchepied, la carabine US en bandoulière. Il est pâle, fébrile, et a du mal à ouvrir le panneau. Je lui souris mais je ne sais pas s'il réalise. Enfin il réussit, sa carabine glisse le long de son épaule, il la laisse tomber et regagne sa place dans le cargo.

Arrivé il remet son casque et m'annonce la bonne nouvelle. Il n'y aurait qu'un circuit hydraulique concerné, le second en secours ne présente pas de fuite. Je décide de filer immédiatement à la base d'attache.

De retour au PC j'éprouve enfin le besoin de savoir à quoi correspondaient les bruits qui m'ont fait déguerpir du piton, sans prendre la précaution de réajuster les tours rotor.

J'avais remarqué un trou dans le montant du pare-brise gauche, de mon côté. En regardant de plus près, je découvre un autre trou dans la cloison derrière mon dos. Tirant une droite entre ces deux impacts, force est de constater que si je ne m'étais pas baissé au moment du départ du coup, je prenais la balle en pleine « poire » ! Qu'est-ce... ou qui m'a donné l'envie d'écouter de la musique sur France Inter au moment où le tireur, qui avait très bien visé, appuyait sur la gâchette ? C'est le DESTIN, je n'ai pas d'autre réponse. Par contre j'ai toujours la balle qui aurait dû me traverser la tête. En y regardant de plus près le lendemain, je découvrais une légère trace sur mon casque, la balle l'avait effleuré.

Nous avions des casques blancs, casques Guéneau qui équipaient aussi les pilotes de T-6. Rien de tel pour servir de cible et ce fut le cas. Les autorités comprenant enfin cette anomalie feront peindre les casques en vert.

Le jour suivant, je pars aux Pimpoueys, propriété de famille, retrouver ma mère et ma sœur. J'ai failli donner raison à la « Mama » qui se postait régulièrement au bout de l'avenue, sur une pierre, et qui disait à ma sœur : « J'attends les gendarmes qui m'annonceront la mort de ton frère ! »

Au retour de perm, une autre aventure se présente. Les références me manquent, seuls les éléments essentiels de l'anecdote me restent en mémoire. En particulier le nom du mécanicien, le sergent Coupard. Nous sommes dans le sud d'Oran, chargés d'accompagner une Alouette II dans laquelle ont pris place des officiers supérieurs et généraux, non des moindres, puisqu'il y a le général Massu. Rappelons que le général Massu, compagnon de la Libération, a été commandant en chef des forces françaises en Allemagne. Nous passerons sur les controverses historiques autour de la question de la torture dont il aurait connu l'usage...

Nous venons de mettre en route notre moteur Wright ; nous embrayons le rotor lorsque le sifflement de la turbine de l'Alouette II nous confirme que son pilote est également prêt. Étant derrière, nous avons vu monter les cinq occupants et le sergent Petit-Pied, un patronyme qui ne peut s'oublier. Ce qui se passera quelques instants plus tard non plus !

Vous allez juger vous-même, cher lecteur.

Soudain l'Alouette se soulève brutalement ; nous entendons comme des détonations et c'est le crash juste devant nos yeux ! L'hélicoptère se couche sur le côté et s'immobilise. Je demande au mécanicien de courir porter secours aux passagers, j'arrête le moteur et rotor de notre H-34. Comme ce n'est pas immédiat, j'ai malheureusement tout le temps d'observer ce qui se passe. En premier s'extirpe « un grand diable », pardonnez-moi Mon général, mais il m'est impossible d'écrire « affolé ». Attitude logique car il pourrait y avoir un départ de feu. Notre mécanicien aide le général à enjamber les patins de l'Alouette pour faire les constats sur terre ferme.

Il n'y a rien de risible bien sûr et pourtant, chaque fois que je repense à cet accident, j'ai tendance à sourire. Le général Massu avait dit-on un excellent odorat et pour cause, il avait un appendice nasal à rendre jaloux Cyrano de Bergerac !

Encore pardon Mon général, mais c'est votre réaction qui me pousse à tourner en dérision cet accident qui aurait pu être beaucoup plus grave. Mon mécano me rapportera vos propos en allant chercher « le miroir ». Ayant porté la main à votre nez vous constatez que vous saignez. Quel ne fut pas notre étonnement d'apprendre que votre première réaction avait été de demander cet objet !

Quelques instants après, nous vous observions, depuis notre poste de pilotage, faire le constat des dégâts corporels, les vôtres d'abord et ceux de tous les occupants de cette machine.

Que s'est-il donc passé ? Comme déjà expliqué, le pilote de l'Alouette a demandé trop de puissance à la turbine qui a « pompé » dit-on. Erreur qui aurait pu être fatale !!!

Ainsi, après avoir effectué environ 833 missions dont un peu plus de 450 évacuations sanitaires en transportant 2 000 blessés et malades, il va falloir songer à la suite à donner à ma vie. J'aurai fait un service militaire de quatre ans, il me reste une année pour honorer le contrat qui me lie à l'Armée de l'air. Un an de plus en AFN ? Ce n'est pas mon destin et heureusement, vu la tournure des événements !

Je demande à rejoindre Le Bourget-du-Lac pour être moniteur en école, j'y connais une jeune fille... qui deviendra ma femme ? Et ainsi je pourrais me consacrer au dessin industriel dont j'envisage de faire mon métier.

Je ferai ma dernière évasan le 17 décembre 1961 avec le sergent Joineau comme copilote et toujours Ferry comme mécano, sur le H-34 n° 1123.

C'est d'ailleurs sur cet appareil que j'ai effectué une liaison : La Regaïa-Azazga-La Regaïa avec le colonel Chantier patron de l'EH3 (escadron d'hélicoptère).

Le dernier vol sur hélicoptère (je pleure évidemment) sera un entraînement en autorotation de 1 heure 30, le 18 décembre 1960 pour le lieutenant Meunier.

En fait, ce ne sera pas mon dernier vol sur voilure tournante car, après la quille, je volerai douze ans dans une compagnie civile à Saint-Ouen-l'Aumône, mais nous verrons plus tard.

Je n'irai pas au Bourget-du-Lac, ma destinée sera le transport aérien militaire.

École – Avord

Le 23 février 1961, je ferai mon premier vol sur Dassault MD 312 n° 176 à Avord. Mon instructeur sera le sergent Trofigue. Hélas, il ne restera pas longtemps, nous nous entendions trop bien. Il me « surnotait » d'après le capitaine Ramire patron de l'unité, particulièrement vindicatif, qui ne supportait pas mes états de service ! Le stage se terminera le 27 juillet. Mon dernier vol sur MD 312 sera en solo, en tours de piste.

Une petite permission pour reposer le soldat... et c'est le 9 août que je ferai ma première mission de transporteur, encore en école, sur Nord 2501 ou Noratlas.

GMMTA - COTAM
Escadron Franche-Comté
Bricy

Une nouvelle aventure commence. Je suis affecté à l'escadron 2/61 Franche-Comté à Bricy près d'Orléans. À ce stade je n'ai aucune qualification de transporteur. Je partagerai mon temps entre le STT (stage de transformation transport), le SQT (stage de qualification transport) et l'EOR (École d'officiers de réserve) à Caen. Tout en poursuivant ma carrière en qualité d'ORSA (officier de réserve en situation d'activité) avant de passer définitivement officier de carrière jusqu'au grade de lieutenant-colonel.

À Orléans-Bricy les choses vont vite ; il faut dire que ma disponibilité est totale. Rapidement premier pilote grâce au capitaine Duhalde, commandant en second du Franche-Comté, je serai immédiatement chef de bord puis commandant de bord grâce à mes galons d'officier...

Dans la foulée également moniteur en vol, en remplacement de l'adjudant-chef Gaudry qui semblait agacer le chef d'escadron par ses démonstrations « peu mathématiques ».

Rappelons que les Anciens pilotaient « aux fesses », maintenant ils pilotent... à l'ordinateur.

Cherchez l'erreur !!!

Ma première ligne 12 17 se fera en juillet 1962. Cette mission :

Orléans-Alger-Reggane-Alger-Orléans (Alger remplacée par Bousfer après les accords entre l'Algérie et la France) était très régulière.

En effet, Reggane située dans le Sud saharien servait aux essais nucléaires chers au général de Gaulle alors président de la République.

Chaque semaine, un Noratlas, au moins, faisait un aller-retour pour apporter le matériel et les matériaux nécessaires aux essais.

Essais aériens extrêmement polluants, la zone reste encore contaminée et inaccessible. Pardon, nous ne pensions pas à la pollution à l'époque !!!

Reggane fut abandonnée au profit, si on peut dire, d'In Amguel. Sur ce site les essais étaient enterrés dans le granit du mamelon choisi à cet effet. C'était plus raisonnable car la population locale était exposée aux radiations. Pour les soldats et nous en étions, les risques de contamination restaient forts. Beaucoup d'entre nous ne s'en sont pas relevés. Mais ceci est une autre histoire à laquelle je ne me frotterai pas ! Les décisions politiques comportant leur part de risque, il convient de l'accepter. En fait, les treize essais souterrains seront effectués à In Ecker exactement de 1961 à 1966. Il y en avait eu quatre à Reggane de 1960 à 1961. Ensuite de 1966 à 1974, quarante-six à Mururoa, et enfin de 1975 à 1996 sont réalisés cent quarante-sept essais souterrains dans les lagons des atolls de Mururoa et Fangataufa.

Nous avons donc participé à l'élaboration de notre Force de dissuasion... jusqu'au jour où, tous les États seront « dissuasifs » et il faudra alors trouver un autre équilibre ou subir celle qui risque bien, cette fois, d'être la dernière pour longtemps !

Il ne faut pas que je déborde du cadre que je me suis fixé, cher lecteur, à savoir un destin tout simple de pilote.

Certes les missions se succèdent : Dakar, Pointe-Noire, Douala, Libreville, Niamey, etc. Certaines restent encore dans ma mémoire.

Au mois de juillet 1963, sur le Nord 2501 n° 124, me voici justement en détachement à Pointe-Noire. La plage, le ski nautique, la force de Coriolis qui a changé de sens car nous sommes dans l'hémisphère sud. C'est Gaspard Coriolis ingénieur mathématicien qui l'a dit ! Depuis que je l'ai appris, je ne manque pas d'observer que l'eau qui s'écoule du robinet tourne à droite dans l'hémisphère nord et à gauche dans l'hémisphère sud. On se distrait comme on peut !!!

Nous sommes à la plage le 13 juillet 1963, donc très cool, lorsqu'un véhicule militaire déboule en trombe. Je suis sur les skis, j'en profite pour faire un plongeon et boire la tasse. M... on ne peut même pas être tranquille dans l'hémisphère sud !! Heureusement je n'étais pas loin du bord, ça ne risque pas j'ai horreur de l'eau, je la trouve « mouillée ».

« Mon lieutenant il nous faut décoller de suite » hurle l'homme à la clef à molettes, le sergent-chef Cou. Il semblerait, m'explique le caporal venu nous chercher, qu'un Broussard se soit perdu.

Nous enfilons rapidement le short sur le maillot mouillé, ça maintient le moral au frais, et grimpons dans la Jeep, ou plutôt sur la Jeep car il n'y a pas de toit. Arrivés au PC nous apprenons qu'effectivement un Broussard s'est égaré. Le MH-1521 construction Max-Holste était un avion de liaison principalement utilisé par les armées françaises entre 1956 et 1993. Il servait également à réaliser des évacuations sanitaires secondaires de terrains aménagés vers les grands centres hospitaliers.

C'est donc un appareil de ce type qui aurait disparu entre Makoua et Kelle, deux petits villages situés pile sur l'équateur, et en pleine forêt vierge. (Enfin surtout Makoua, Kelle doit être un peu plus au nord-ouest). Rares sont les villes que traverse ce cercle imaginaire de plus de 40 000 km qui ceinture la terre et la partage en deux hémisphères.

À Makoua, le passage de l'équateur a été matérialisé par deux monuments. L'un est une grande pierre sculptée surmontée d'un globe terrestre. De là on a une vue imprenable sur la rivière Likouala-Mossaka. L'autre monument de création plus récente situé sur une place symbolise également l'équateur et la Terre.

Après être passés à Brazzaville pour récupérer du matériel, nous atterrissons de nuit à Makoua. La piste est en latérite. La latérite est une roche rouge riche en fer et aluminium, bien connue des pilotes. Un grand nombre de pistes africaines sont recouvertes de cette roche pilée absorbant rapidement l'eau des averses fréquentes. Évidemment le balisage est de fortune, quatre ou cinq Goosenecks placés judicieusement. Cet exercice ne pose aucun problème aux équipages du transport aérien militaire qui s'entraînent régulièrement à ces posés « d'assaut ».

Un véhicule nous attend. Notre surprise est totale, habitués à des soldats en kaki ; il s'agit là d'hommes d'Église, des pères blancs nous dit-on ! Chouette, si l'Église s'en mêle, ça va très bien se passer ! Je m'abstiendrai de préciser que je suis « parpaillot »... des effluves de guerres de religion, d'ici qu'ils me prennent pour un hérétique !!!

Nous sympathisons d'emblée. Ce n'est pas à Montségur que nous sommes véhiculés mais dans l'abbaye du coin qui aurait la particularité d'avoir l'équateur traversant la salle à manger. Nous sommes invités à prendre l'apéritif local ; me voilà installé avec Une, dans l'hémisphère nord et l'Autre dans l'hémisphère sud... jambe bien évidemment !!! Je suis tout émoustillé, pas de force de Coriolis sur l'équateur, donc pas de tourbillon, l'apéro va mieux descendre dans le gosier et plus vite !!!

Nous dînerons ensuite avec les militaires en kaki...

Nous devons prendre les consignes pour un décollage matinal. C'est lors de ce briefing que nous apprenons que c'est bien un Broussard qui a disparu. Parti de Makoua, il aurait dû se poser à Kelle (ville de la République du Congo située à une trentaine de kilomètres de la frontière avec le Gabon) sensiblement une heure trente plus tard. Il ne s'y posera jamais. L'inquiétude est double, le crash bien sûr car il y aurait à bord un préfet de région de couleur convoyant 14 millions de francs CFA (28 millions de francs français) d'où un risque de convoitise avec déroutement de l'appareil.

Préparation minutieuse de la mission avec un constat de taille. L'étendue du territoire à scruter mais aussi la forêt vierge avec des arbres de plus de 60 m de hauteur.

Nous resterons une semaine complète à raison de huit heures par jour à survoler et « resurvoler » les lieux, sans aucun indice, seulement la déception et la peur de ne pas avoir su faire, bien qu'une Alouette II se soit jointe à nous. Les autorités décident alors d'abandonner les recherches !

Nous apprendrons deux ans plus tard pourquoi nous n'avions aucune chance de retrouver cet avion. Et nous serons stupéfaits d'apprendre le sort qui fut réservé aux occupants de l'appareil.

Aucune chance de retrouver la machine en effet ; les pilotes, ayant obtempéré aux exigences du préfet de région, avaient changé de route pour aller visiter une réserve d'animaux se trouvant nettement au nord. C'est donc loin des endroits que nous avions survolés que le Broussard était tombé en panne. Faire un atterrissage de fortune en pleine forêt vierge avec la végétation luxuriante ne laisse pas beaucoup de chance aux naufragés d'être repérés et secourus. C'est ce qui arriva, l'appareil a été littéralement englouti. Jusque-là une histoire banale sans doute. Une indiscipline alliée à un manque de chance évident !

La suite des événements peut paraître rocambolesque et pourtant c'est la triste réalité. En effet, les deux pilotes et le préfet de région qui ne sont pas blessés sont récupérés par une tribu de Pygmées. À priori, si mes souvenirs sont exacts, il s'agissait de la tribu des Bakas au Cameroun. Peu habitués à voir des Blancs, mais conscients semble-t-il que ce qui venait de tomber du ciel était le fruit de l'intelligence de l'Homme blanc, intelligence ou savoir qu'ils acceptaient de ne pas posséder.

Cher lecteur, ne soyez pas troublé par ce qui va suivre, je ne fais que rapporter le compte rendu qui m'a été donné.

Car il est exact que cette tribu était anthropophage (du grec *anthrôpos* qui veut dire être humain et *phagía* qui se rapporte à l'acte de consommer). Ainsi le préfet a été dégusté par les locaux après avoir été cuit dans les marmites fabriquées avec les tôles de l'avion. Ce sont les propos des pilotes, ne souriez pas cher lecteur !

Seulement voilà, il s'est écoulé deux ans entre le crash et la découverte de nos deux adjudant-chefs par des pères blancs de passage. Les ecclésiastiques, surpris de voir une belle montre au poignet du chef de village osèrent prudemment poser des questions. C'est ainsi qu'ils apprirent qu'il y avait deux Blancs prisonniers vivant dans la tribu. Ils ne purent, dans l'immédiat, rien faire de plus ! Par contre, dès leur retour, ils alertent les autorités qui, sans perdre de temps, dépêchent des militaires pour voir ce dont il s'agit. Bien vite ils constatent que nos deux pilotes sont bien prisonniers. Après négociations ils les récupèrent. Quelle ne fut pas leur surprise en apprenant le sort qu'on leur avait réservé.

Nos Pygmées, pensant que l'Homme blanc était plus intelligent (je demande à voir car ça n'en prend pas le chemin) ont eu l'idée de les faire « procréer » avec leurs femmes pour améliorer la race.

Que je sois foudroyé sur-le-champ, si là ne sont pas les propos même des deux protagonistes.

Ce fut ensuite la fin de leurs malheurs. L'un d'eux décédera à son arrivée à l'hôpital militaire du Val de Grâce à Paris. Le second quelque temps plus tard ayant appris que sa femme s'était remariée un an après sa disparition, ce qui est légal !

La vie de pilotes peut ne pas être de tout repos !

J'ai dit ne pas aimer l'eau, mais pour terminer cette triste anecdote sur une note plus gaie, sachez que je n'ai jamais eu aussi peur que dans la pirogue particulièrement instable dans laquelle j'avais pris place pour faire plaisir à nos hôtes de Makoua. En effet, la rivière était infestée de crocodiles et la traversée de la Likouala-Massaka me parut aussi longue que s'il avait fallu traverser la Méditerranée en pédalo. Par contre je côtoyais pour la première fois des plantes carnivores aquatiques, les dionées attrape-mouches. Mon amusement une fois débarqué était de les chatouiller pour les voir se refermer à la vitesse de l'éclair. J'ai gardé un souvenir puissant de cette mission et le récit, deux ans après, a définitivement fixé tous les détails dans ma mémoire. J'y repense souvent le soir en m'endormant, je trouve que c'est mieux que de compter les moutons !

Voilà assez longtemps que je vole sur Nord 2501 comme chef de bord et même instructeur.

Il est évident qu'il faut s'adapter lorsqu'on change de crémerie.

Mais la consécration de commandant de bord se fera lors des épreuves réussies sur le Noratlas n°143, vingt et une heures d'épreuves en vol entre Orléans-Tamanrasset-Bousfer-Orléans, avec recherches d'objectifs en plein Sahara. Sympa le capitaine Fontaine qui me fait passer les épreuves. En plus, il trouve que j'écris très bien en lettres bâtons, normal j'ai un diplôme de dessinateur industriel... On en rencontre quelquefois des gratinés, croyez-moi.

À partir de maintenant tout va s'accélérer. Moniteur, commandant de bord, passionné et disponible je serai rarement à la maison. Certaines missions me reviennent à l'esprit, aidé par mes carnets de vol. Je vais avoir plaisir à les évoquer.

Au mois d'octobre 1964, j'ai la chance de revoir la médina et les souks de Marrakech. Nous saluons la Koutoubia et admirons de loin l'Atlas. C'est la ligne 12 18. La convoyeuse sera miss Bedos, un souvenir parmi d'autres ! Au mois de novembre, ce sera un détachement à Fort-Lamy, ce n'est pas encore N'Djaména. De ce point d'attache nous rayonnons sur Douala-Bangui-Mondou-Bouar. Sans doute y reviendrons-nous car je serai affecté un an à N'Djaména quelques années plus tard.

Les mois passent, je fais surtout de l'instruction en unité entrecoupée de quelques rotations à In Anguel et Berlin. Beaucoup d'instruction mais aussi largage de parachutistes et de charges lourdes. Presque la routine, sans oublier les meetings de présentation en vol du Nord 2501.

Le largage en automatique des paras ne constituait pas une grosse difficulté mais il pouvait se présenter des problèmes. De nuit, à très basse hauteur, avec une météo particulièrement instable, nous devons larguer un stick aux alentours de Bastia en ayant décollé de Toulouse-Francazal.

Le chef de stick, sans doute perturbé par le voyage, fait mal la vérification de l'attache de la SOA[1] avant de passer le crochet sur le câble. La SOA est restée accrochée à une sangle du parachute. Ainsi, lors du saut, le parachute est resté accroché à la SOA.

Je perçois des chocs sur les coquilles (parties arrière du Noratlas). Je me retourne pour regarder dans la soute et je suis surpris de voir la porte fermée. En fait le chef largueur s'est aperçu de son erreur, au lieu nous avertir il essaye de camoufler le coup. Il a installé le tire-fort Tractel ; comme son nom l'indique c'est un système utilisé pour tracter des charges, mais au sol. Hélas il n'arrive pas à ramener le pauvre para qui flotte à l'arrière de l'avion, entre les coquilles et la gouverne de profondeur. La situation est dangereuse pour tous !

J'envoie le mécanicien d'équipage, l'adjudant Leaders, chercher le chef largueur, pendant que mon copi dirige l'avion vers la plage en quittant la formation des quatre Nord, nous sommes n°3.

Après concertation nous décidons de couper la SOA pour libérer le parachutiste qui n'aura plus qu'à faire ventral, parachute de secours qui se porte sur le ventre. Décision prise, chose faite. Nous espérons que le para ne soit pas assommé. La chance est avec nous. La chute se passe bien !

Par contre, je ne pense pas que le chef largueur ait obtenu « les oreilles et la queue », récompense du matador lorsqu'il enflamme la foule des aficionados lors de la corrida !!!

Octobre 1961, je suis à Orléans-Bricy depuis septembre. Le capitaine Duhalde m'apprend qu'il m'a affecté à une mission particulière qui risque de me plaire.

Je garde de ce chef un souvenir très respectueux et affectueux.

1. Sangle ouverture automatique.

Nous étions en symbiose si je puis m'exprimer ainsi. Colonel commandant en second la base BA123 de Bricy, il est hélas décédé très tôt. Je suis allé à Bègles assister à ses obsèques.

La mission : Orléans-Madagascar, dix jours sur place. L'adjudant-chef Roussel sera CDB, et le Nord n° 115 notre monture.

Le 11 octobre c'est le départ, première étape Orléans-Alger Maison-Blanche. Le 12, Alger-Reggane-Niamey. Le 13, Niamey-Douala-Pointe-Noire. Le 14, Pointe-Noire-Livingston située au sud de la Zambie et où on peut admirer les époustouflantes Victoria Falls, chutes du fleuve Zambèze. Le 15, nous serons à Blantyre ville du Malawi. Ce sera la dernière escale avant d'enjamber un petit peu l'océan Indien et d'arriver à Tananarive, Arivoninamo Airport exactement. Le 16, nous ferons un saut à Diego Suarez, ville portuaire du nord de Madagascar. Nous déjeunerons sur le port. En y repensant, j'ai les papilles gustatives qui s'agitent : jamais nous n'avions vu et dégusté des langoustes aussi belles que bonnes d'où cette agitation soudaine !

Le 18, l'aventure nous guide vers l'île de Nossi Be, ou Nosy Be, toujours au nord de Madagascar. Escale inoubliable ! Des cocotiers baignant leurs racines dans l'océan et fournissant l'ombre nécessaire aux baigneurs que nous sommes. Mais surtout de belles étendues d'ylang-ylang qui couvrent presque la totalité des terres et au parfum de paradis appelé Cananga Odorata ou Anona Odorantissima. Nous sommes logés dans un hôtel où le passage ne cesse ; le bruit ajouté à l'odeur enivrante des fleurs jaunes d'ylang-ylang fera que nous dormirons peu au cours de la nuit, ceci sans gravité pour un équipage aguerri.

Le 20, nous nous enfoncerons un peu plus à l'est de l'océan Indien direction La Réunion ; l'aéroport Saint-Denis / Roland-Garros se trouve plein nord de ce département français.

Pour moi, tous les aéroports ou aérodromes se ressemblent et ne m'inspirent que très peu d'émotion.

Par contre une foule d'événements mineurs ou majeurs me viennent systématiquement à l'esprit.

Nous passons la nuit à Saint-Denis. Tout l'équipage est logé dans la même pièce comportant une seule porte d'entrée. Le moins ancien à l'escadron sera évidemment corvéable. C'est ainsi que je récupère la responsabilité de fermer la porte et de garder la clef. Ce ne sera pas une bonne idée !!!

Comme tous les soirs, aux escales, la coutume veut que nous allions dîner ensemble puis découvrir les curiosités du lieu. Ainsi nous voilà déambulant rue de Paris devant les Maisons Carrère.

Il me semble être interpellé. Effectivement ça se confirme ; je traverse la rue et suis surpris par une invitation spontanée. J'accompagne ces autochtones qui deviennent mes hôtes. Ayant reconnu les gens de passage, ils veulent lier d'amitié avec la métropole. La conversation, un peu arrosée je crois, durera une bonne partie de la nuit. Jusqu'au moment où je m'aperçois que j'ai la clef de la porte de l'Unique chambre dans ma poche. Mon sang ne fait qu'un tour. La gorge serrée, je rejoins en courant dans la ville déserte l'endroit où je pense être très mal accueilli.

Ma première surprise est de ne trouver personne devant la porte. En levant les yeux je constate que le « finestrou » se trouvant au-dessus de la porte est ouvert alors qu'il était fermé quand nous sommes partis... Vu le temps qu'il me reste à dormir je ne fermerai pas un œil. Je ne suis même pas surpris de constater le lendemain, qu'aucun membre de l'équipage ne m'adresse la parole.

J'apprendrai vite qu'ils ont passé une partie de la nuit à se faire la courte échelle pour accéder au finestrou et pouvoir rentrer dans la « piaule ». J'avais pour la seconde fois déçu mes camarades de cordée. La première fois lors du passage de la ligne équateur, car il est de coutume d'arroser au champagne... n'ayant pas prévu la chose par ignorance j'ai royalement déstocké un kil de rouge qui tache ! Avec le recul, personne ne m'ayant fait de réflexion désobligeante, j'en avais conclu que les membres du Franche-Comté étaient drôlement bien élevés !

Le 21 octobre la traversée se fera dans l'autre sens : Saint-Denis-Tamatave (Tomasina pour les Malgaches) puis de nouveau Tananarive Arivonimamo-Nossi Be avec largages de parachutistes et opérations locales. Le 25 nous prendrons sensiblement le même cheminement, et le 29 nous serons de retour à Orléans. Rien de bien extraordinaire mais c'est ma première vraie mission longue distance au sein du GMMTA (Groupement des moyens militaires de transport aérien créé le

20 mai 1945 par le colonel Henri Allias). Cette unité disparaîtra en 1962 et se transformera en Commandement du transport aérien militaire. Je resterai vingt et un ans au sein du Cotam.

Les missions sur Berlin n'étaient pas rares. Le vendredi pour aller chercher les permissionnaires et le lundi pour les ramener au travail sur le terrain dévolu à la France, Tegel, situé au nord-ouest du centre de Berlin dans l'arrondissement de Reinickendorf. C'est encore le plus important des deux aéroports berlinois en service (il fermera, en fait, en janvier 2021). Pendant la période de la guerre froide (1945-1991) Berlin était enclavé. Pour y accéder nous étions obligés d'emprunter des couloirs aériens surveillés par l'aviation russe. Il n'était pas rare d'être suivis par les chasseurs à l'étoile. Il était déconseillé de faire un trafic radiotéléphonique douteux nécessitant un interprète, sinon l'accueil sur le Tarmac de Tegel risquait d'être houleux ! La procédure d'atterrissage face à l'ouest supposait une intrusion en zone de Berlin-Est, très limitée. Dans ce cas de figure, nous activions trois chronomètres pour ne pas dépasser la branche d'éloignement et risquer, tout au moins, un incident diplomatique ou d'en prendre « une » dans la partie la plus charnue… à savoir l'empennage !!!

Le 21 novembre 1961, c'est mon premier Berlin sur le Nord 2501 n°192. Bien habitué à ce genre de mission et trop timoré pour me renseigner, je n'emporterai pas de tenue civile. Erreur ! Car le soir venu tout le monde se pomponne pour sortir. « Tu ne te prépares pas ? » m'interroge le lieutenant Larzul. « Si, Si » et j'enlève les galons de mon blouson. La Mercedes nous attend en bas. Pas de surprise Berlin est en territoire d'occupation et nous « occupants » avons droit aux égards. En l'occurrence ce sera Mercedes kaki avec chauffeur allemand. J'apprendrai que la sortie que nous allions faire était un rituel. Effectivement, je n'avais pas la tenue adéquate pour aller dans le dancing le plus connu. Ballet de jets d'eau, téléphones sur les tables pour inviter les cavalières, nombreuses, très nombreuses, et nous comprenons pourquoi après la guerre… Bref ! Cet établissement attractif pour les équipages n'était autre que le *Resi Cabaret*. Ce dancing berlinois de légende a vu l'éclosion du tango argentin dès 1913. Les bals pour veuves de guerre s'y succèdent sans relâche. L'engouement pour la rumba cubaine y est folie !

Les choses se présentaient plutôt bien, sauf qu'arrivé aux portes de ce paradis de la danse, le chauffeur allemand m'explique que sans cravate et veston il est inutile d'essayer d'entrer dans ce temple du rythme chaloupé.

Peu surpris mais vexé de ne pas encore être habitué à la vie mondaine, je décide de rester dans la Mercedes avec le chauffeur qui nous est « affecté » pour la soirée ou toute la nuit. À la mine déçue et triste de cet accompagnateur dévoué, je pense que même un soldat allemand qui n'est pas poussé à faire la guerre garde en lui une part d'humanité. Je comprends par ses gestes, car je n'entrave rien à l'allemand excepté *Ja*, *Kartoffeln* et *Gretchen*, qu'il me propose son manteau trois-quarts.

« Cet Allemand est petit, son trois-quarts va te faire un excellent veston ! » me glisse Larzul. Et tous de se gondoler en se payant ma poire, même le « Schpountz » qui comprend très bien. Et voilà comment j'ai invité de charmantes blondes à danser la rumba au dancing le plus prestigieux de Berlin. La conversation était rudimentaire... mais comme j'étais bon danseur je n'ai pas fait tapisserie !

Un militaire peut honorer son sacerdoce sans avoir à appuyer sur la gâchette s'il n'est pas menacé. Je suis heureux d'être de ceux-là à l'exception près.

En décembre 1961, c'est un retour en Algérie pour un détachement d'un mois. Rien de particulier si ce n'est connaître des sites nouveaux. Après Alger- In Ecker-Oran-Colomb Béchar-Tindouf-Ouargla-Fort Flatters-Tamanrasset-Fort Polignac-Zarzaitine-El Golea-Reggane- In Salah-Lagouat...

Après avoir sillonné cet immense Algérie encore française jusqu'au 19 mars 1962, et visité également des futurs pays du pétrole qui fera un peu la richesse de cette jeune République ; nous passerons ainsi deux nuits à Fort-Laperrine ou plus exactement à Tamanrasset.

Comment ne pas se rappeler, donc évoquer la phrase célèbre du général de Gaulle lors de son discours à Alger le 14 juin 1958 : « Je vous ai compris ! » Le général annonce le principe fondamental de sa politique « La France de Dunkerque à Tamanrasset »...

Nous terminerons cette mission par une évacuation sanitaire sur Lyon avant de regagner Orléans. Mais je suis heureux d'avoir vu le sud de la France à Tamanrasset situé en plein Hoggar !!! J'éviterai tout commentaire sur la suite donnée à cette phrase du général, sauveur de la France en son temps.

Une page d'histoire se tourne avec elle, je change un peu d'activité puisque me voilà définitivement transporteur.

Le 16 janvier 1963, je fais équipe avec un pilote allemand qui a fait « la dernière » sur Messerschmitt dans la Luftwaffe. Je crois bien qu'il était colonel. Nous faisons escale à Bremgarten pour y passer la nuit. Le problème se pose le lendemain car il fait moins 25 °C. Je demande au graisseux d'aller chercher un groupe électrogène pour la mise en route des moteurs que je pressens difficile. C'est le chef mécanicien de l'escadron, l'adjudant-chef Marche. Évidemment il décide de ne pas le faire. Ce qui devait arriver arriva ! Et que je tire sur la batterie sans succès, le moteur ne tousse même pas ! Je ronge mon frein. De guerre lasse, l'ingénieur de la clef à molette, à contrecœur, m'annonce qu'il va essayer d'emprunter ce fameux groupe. En fait, je « biche » un peu, le spécialiste a échoué ! Il aurait dû obéir. Je l'observe s'éloigner et disparaître dans le hangar. Les minutes passent et toujours pas de groupe à l'horizon. Je décide donc de tenter la mise en route du moteur gauche mettant à l'épreuve mes connaissances d'ingénieur raté, à savoir que la batterie aura repris un peu de vigueur, phénomène bien connu, et qu'à force de comprimer l'air et les vapeurs d'essence dans les cylindres, il sera apparu de la chaleur favorisant l'évaporation du carburant. Ainsi je risque d'avoir quelques explosions... Merveille de la technique ! Ayant attendu 60 secondes entre les injections de pétrole et le coup de démarreur, l'évaporation étant favorisée par la technique salutaire, le moteur démarre ! Pour le second ce fut facile, la génératrice du moteur en marche n'ayant pas de limite de débit. Ouf !!!

C'est ensuite que les choses se gâtent, l'adjudant-chef doit monter par l'arrière, sans escabeau à la force des bras. Il hésite mais le fait quand même. Il prend place entre les deux pilotes sans mot dire, par contre me maudire assurément ! Il ne m'adressera pas la parole pendant longtemps. J'étais devenu le pilote dont il fallait se méfier car je n'hésitais pas à sortir du cadre « légal ». Ça ne changeait pas beaucoup, les navigateurs me détestaient aussi ; habitué à être seul pour assurer les missions sur hélicoptère, j'arrivais à mieux lire les cartes qu'eux. Ils me haïssaient.

Pour accepter ma démonstration, il faut rappeler qu'une grande partie des missions se faisait à basse altitude, à la lecture de carte pour trouver les objectifs. Le vol au niveau haute altitude ne demande aucune connaissance particulière, il suffit de suivre les aiguilles, d'écouter la radio, de lire le GPS. Là, je sais que je vais encore me faire des ennemis !!!

Encore le Destin, le 31 mai sur le Nord n°119 avec le capitaine Montheuil, navigateur. La mort est programmée !

Nous quittons Orléans et allons à Paris Le Bourget pour chargement, et repartons aussitôt pour faire escale à Istres. L'étape se fait en IMC[2]. Facile, il suffit de maintenir la maquette sur la barre de l'horizon artificiel et le cap au compas pour garder l'aiguille du radiocompas dirigée vers la balise sélectionnée. Le VOR[3] est encore rare.

Nous passons Moulins puis Montélimar soit MOU 116,7 MHz, MTL 113,65 MHz ? Comprendre que l'indicatif des balises est en morse pour pouvoir les identifier sans erreur. Notez qu'il nous fallait connaître le code morse à raison de 800 signes minute... examen passé en école de début à Marrakech. Bref, après MTL, le navigateur devait affecter la fréquence de FNI (Istres) ; il se trompera et sélectionnera FNN (Salon-de-Provence). Je ne contrôle pas, faisant confiance à un capitaine très ancien navigateur... Nous sommes en descente pour arriver à Istres à l'altitude requise ; c'est là que le squelette à la faux attend ! Heureusement que je regarde dehors pour voir au plus vite le sol. Bien m'en a pris ! Sortant de la couche nuageuse, j'aperçois juste devant les Alpilles dont le sommet est déjà plus haut que nous. Instantanément je tire violemment sur le manche et nous faisons une quasi-chandelle salvatrice !!! Je venais de déjouer le sort. Pourquoi ? J'ai toujours pensé que mes actions étaient liées à la peur de souffrir.

Une chose est certaine, je n'ai jamais plus fait une confiance aveugle à un membre d'équipage !

En fait, j'ai appliqué l'adage : Connais-toi toi-même et connais tes limites du moment !

Les missions se succèdent nombreuses, très nombreuses.

2. *Instrument meteorological conditions.*

3. *Very HF omni directionnal range.*

Nous sommes en novembre 1965. C'est un nouveau détachement à Colomb-Béchar appelé Béchar après l'indépendance. Escales à Hammaguir et In Salah. Rien de particulier sauf que j'ai eu le privilège et l'honneur d'avoir comme convoyeuse de l'air soit hôtesse, miss Fournier Foch arrière-petite-fille du maréchal Ferdinand Foch. Certes il n'est pas question de mélanger les torchons avec les serviettes mais, comme le maréchal je suis tarbais, et miss Foch représente une personnalité pour moi. Nous sympathisons et ferons quelques missions de conserve.

Nouvelle anecdote. Voir dans l'énoncé de cet événement un clin d'œil plutôt affectueux à l'endroit d'un concept qui, bien sûr, n'est plus de mise avec le matériel moderne et sophistiqué. C'est avec respect que je vais chatouiller la susceptibilité d'un adjudant-chef, ingénieur de la clef à molette, habitué au dépannage réel de la pièce défectueuse au lieu de faire un échange standard avec une neuve. Voir aussi la confiance aveugle d'un jeune commandant de bord qui ne donne son accord que parce que lui-même est un peu adepte de la clef anglaise... la petite sœur de la molette !

Le 6 avril 1966 sur *La Grise* (Nord 2501) n°75 nous partons assurer la ligne « Dissuasion nucléaire » n°1217. Mission, on ne peut plus régulière, Orléans-Istres-Bousfer-In Amguel-Reggane-Bousfer[4]-Orléans.

L'équipage est normalement constitué de cinq membres. J'en suis le commandant d'avion à l'époque, devenu logiquement « commandant de bord » ! Le mécanicien d'équipage est l'adjudant-chef Lamour. Il n'y a pas de mécanicien navigant officier dans l'Armée de l'air ce qui ne les empêche pas d'être des spécialistes remarquablement efficaces, quelquefois un peu têtus refusant le modernisme dans l'action du dépannage. C'est là que nous trouvons mon souci de jeune CDB.

Dès notre passage vertical MOU, balise du NDB[5] qui matérialise la voie aérienne à Moulins puis Montélimar et Istres, nous aurons 28 « ratées » autant que de bougies. L'équipage est serein, il y a deux moteurs et le déroutement pour cause

4. Enclave à côté d'Oran conservée par la France après les accords d'Évian.
5. *No Directionnal Beacon.*

mécanique est une seconde nature pour les équipages du Cotam (à l'époque appelé le GMMTA, groupement des moyens militaires du transport aérien, créé le 20 mai 1945). Pour information la 61e escadre de transport d'Orléans-Bricy a été créée le 1er avril 1946 (et ce n'est pas un poisson !), actuellement Fatac et FDA, Force aérienne tactique et de défense.

Bref ! Revenons à nos ennuis, le diagnostic que nous élaborons concerne une magnéto.

La magnéto n'est autre qu'une dynamo sophistiquée qui produit le courant électrique aux bougies, lesquelles donnent l'étincelle qui enflamme le mélange gaz du carburant et de l'air (Pour consommer 1g d'essence il faut 15g d'air et que le mélange soit à plus de 350° Celsius.).

Vous le saviez bien sûr car c'est la même chose pour votre automobile !

La mission est urgente : Reggane-In Amguel, l'arme fatale de dissuasion mise en place au bon moment par le général de Gaulle. Enfin, c'est une autre histoire !

Nous atterrissons quand même à Istres. Nous ne devons pas perdre de temps. Alors le « blanc-bec » que je suis, ose demander :

— Mon Adjudant-chef, accepteriez-vous de dépanner pendant que nous irons déjeuner au mess ? Nous vous apporterons le repas que vous aurez tout loisir de déguster au niveau de vol pendant que je surveillerai les pétoires.

— Certes ! (blanc-bec, lu dans le regard du mécano).

C'était la façon affectueuse pour un adjudant-chef de qualifier son jeune chef de bord. Je souris, la connivence est de mise en équipage, sinon le danger est à la porte du cockpit !

Une demi-heure plus tard, alors que nous en sommes au dessert, un aimable serveur arrive en courant vers nous : « Mon lieutenant, il y a votre mécanicien qui souhaite vous parler au téléphone ! » Je me précipite au combiné dans le bar (pas de portable à l'époque), le mécano étant à l'écoute sur le phone du chef de piste, à 3 kilomètres.

Ah, ce n'est déjà plus le même ton : « Commandant, j'ai fait une "connerie" » (oui, nous ne sommes pas à l'Académie française !) et il m'explique avoir trouvé la panne venant du ressort qui pousse en permanence le charbon assurant le passage du courant électrique aux électrodes des bougies.

— Chic ! Mon Adjudant-chef, c'est dépanné alors ?

— C'est que… non, car pour éviter de faire l'échange standard (mettre une magnéto neuve prise dans notre lot de bord), j'ai enlevé le ressort cassé de la magnéto en place et j'ai voulu le remplacer par le neuf de la magnéto neuve… (silence !!!)

— Alors, tout va bien, félicitations pour votre savoir-faire, un jeune spécialiste du tournevis n'aurait pas su !

Le ton de notre Ancien devient plus terne et d'avouer humblement : « C'est que le montage est fait en usine suivant un procédé que je n'ai pas pu reproduire… et j'ai cassé le ressort neuf ! »

Je suis devenu sourd, je sais pourquoi : j'en ai tellement entendu que je devrais même être manchot !

— Ce n'est pas grave, prenez le ressort de l'autre magnéto neuve du lot de bord !

— C'est déjà fait ! m'éclabousse-t-il. C'est pour le coup que les bras m'en tombent !

— Par contre Mon lieutenant, j'ai une proposition à vous faire (le « tu » a disparu, c'est à ceci que l'on reconnaît l'autorité naturelle du jeune commandant de bord… heu !)

— Ah, j'écoute Mon Adjudant-chef. (Je m'étrangle vu le déroulé de l'action et je serre tellement fort le combiné du téléphone qu'il en craque. Imaginez la chose !

— J'ai un vieux briquet tempête à mèche, j'ai mesuré le diamètre du ressort qui pousse la pierre à briquet, c'est le même que celui du trou susceptible de le recevoir sur la magnéto en panne. En étirant un peu ce ressort il doit pouvoir plaquer le charbon sur le collecteur. Êtes-vous d'accord Mon lieutenant ?

Je m'étouffe… C'est le seul moment de ma vie de militaire où j'aurais aimé être encore caporal aux cuisines !

Une règle : ne jamais peser les patates dans un cas désespéré, pas de sommation :

« Allez-y mais vous ne pourrez plus allumer vos cigarettes, ça fera des vacances à vos poumons ! J'arrive pour voir le chef-d'œuvre et faire le point fixe. » Car je n'ai plus faim et pour un bon moment.

Imaginez cher lecteur, nous allons traverser la Méditerranée et le désert saharien, aller-retour avec un ressort à briquet d'un vieil adjudant-chef maniaque, durant quinze heures de vol !!!

Certes, mes connaissances de technicien vont m'aider à évaluer le risque suspendu à la dureté Brinell du matériau dont est fait un « foutu » ressort à briquet. Allez expliquer ça à notre époque...

Nous l'avons fait et je n'en tire aucune fierté, au contraire. Nous avions la connaissance adaptée du moment.

Le départ d'Istres se déroulera parfaitement. Comment pourrait-il en être autrement avec un mécanicien de bord, leader mécano de l'escadron et qui se nomme Lamour. On ne peut pas faire mieux !

« Objets inanimés avez-vous donc une âme qui s'attache à notre âme et la force d'aimer ? » (Alphonse de Lamartine).

Des clous !!! Les bougies du moteur gauche ne doivent pas avoir d'âme et se foutent de l'harmonie poétique et religieuse d'Alphonse ! Retour Orléans sans problème !

Le Destin est toujours au rendez-vous !

Quelque temps après, sur Nord 2501 n°193, nous sommes amenés à établir une liaison Bousfer-Colomb-Béchar (Béchar tout court). Il fait encore très chaud en Afrique du Nord. Nous sommes habillés léger, très léger, chemises et pantalons dans la valise PN (du personnel navigant en dotation).

Le navigateur va consulter la météo et déposer le plan de vol comme il se doit. Je ferai l'erreur de ne pas l'accompagner, pris par les formalités de chargement avec le chef d'escale.

À son retour, le spécialiste de la règle CRAS et du computeur me glisse discrètement à l'oreille droite (la gauche étant fatiguée par les tirs et le bruit des moteurs) :

— Mon Yieutenant, il est prévu un violent orage à l'approche de Duveyrier, région de la Saoura. Très forte instabilité constatée !

— Ah, OK boy !

En automne je pense que le phénomène doit être atténué même s'il fait encore chaud. Ces météorologues, toujours pessimistes, nous incitent à la prudence. Ils ont raison ! Nous verrons bien, la mission ne peut attendre le bon vouloir de Zeus (Jupiter, dieu de la météo).

Allez, *go* le chargement est terminé, nous faisons à peine 21,5 tonnes au décollage.

La première partie du voyage se passe bien au FL100 (10 000 ft). Pourquoi monter, l'étape est courte. Puis le pilote automatique n'est plus assez rigoureux dans la tenue des éléments, surtout en altitude. À mi-chemin l'horizon s'assombrit sévère, ça commence à bouger. Nous sommes habitués avec la traversée du FIT (front intertropical) surtout entre Douala et Fort-Lamy (N'Djaména par la suite)... Je débraye le pilote automatique et je m'aperçois qu'il ne déméritait pas, ça tabasse sec ! Tous les membres de l'équipage serrent leur harnais et déglutissent régulièrement.

— Oh, le mécano... tout est bien attaché, brêlé dans la soute ?

— Oui Mon Yieutenant, ça baigne !

Nous passons 100 % IMC, il n'y a plus que le synthétiseur Chombard pour éviter de passer sur le dos. *Attention ! Ton altitude*, me glisse mon instinct de conservation. Et là vous n'allez pas me croire, les deux moteurs, plein réduit à la vitesse maximum, les 21,5 tonnes sont comme une plume prise dans un courant ascendant (pompe) terrible : 14 000 ft, 16 000 ft et 18 000 ft (FL180). J'ai peine à tenir les commandes et c'est à ce moment que se produit une vraie détonation. Sans doute n'avez-vous que très rarement ressenti cette horreur. En perdition déjà, incapable d'ajuster le tir et là, l'inconnu qui risque d'être fatal, l'accident !

Je ne mets pas longtemps à constater les dégâts. Un grêlon gros comme un œuf, entre celui de la poule et de l'autruche, vient de fracasser le poste HF du radio situé juste derrière moi. En effet les vitres, je dirais fronto-latérales, du Noratlas sont en plexiglas. Ô certes solides mais non soumises au tir du canon à poulet censé mesurer leur résistance.

Elles ont cédé sous la violence de l'impact à 150 m/s environ et ont laissé passer l'obus d'eau congelée en altitude (il fait moins 20 °C au thermomètre de bord). Par chance je ne suis pas touché et le radio non plus, le Destin !

Seulement voilà, nous sommes en combinaisons de vol ignifugées mais glaciales. Avec le vent qui s'engouffre par la brèche, le ressenti est à moins 30 °C... nous allons nous transformer en H2O solidifiée. Bien entendu le chauffage est totalement inopérant. 20 000 ft, pas d'oxygène de secours et les doigts qui commencent à coller sur le volant de *La Grise*, le sang se fige, je ne peux rien faire. Impossible d'augmenter la vitesse de peur de dépasser la VNE[6]. Nous pensons que nous allons mourir de froid ou perdre une aile. Le choix est cornélien, la « cervelle » se solidifie, les yeux s'embrument, il faut prier Dieu et y croire !

6. *Velocity Never Exceed.*

C'est à ce moment précis que tout s'envole au plafond de l'avion qui se dérobe sous nos pieds.

Nous venons de quitter la cheminée ascendante du CB, cumulonimbus (orage) et nous sommes dans le courant descendant (la dégueulante). Le cisaillement a été si brutal que le grêlon a quitté le poste radio pour s'éclater sur le plancher du poste de pilotage.

Nous descendons à variomètre bloqué ; je remets un peu de puissance pour chauffer les moteurs qui grelottent de la bougie... Ils se remettent à ronronner en même temps que nos pulsations remontent. Lentement... 8 000 ft nous sortons du nuage, les couleurs reviennent.

Conclusion le Nord 2501 est solide, l'équipage aussi !

Toulouse-Francazal : Le CIET

Le Franche-Comté c'est fini. Il y a trop longtemps que j'occupe la place gauche en unité.

Le commandant de la 2/61 décide de m'expédier à Toulouse-Francazal au CIET (Centre d'instruction des équipages du transport). J'y exercerai comme instructeur, examinateur et autre durant six ans (avant d'être affecté pour une année, sans famille, à N'Djaména au Tchad comme leader pilote au GMT appelé Orléans).

Au CIET, être qualifié Nord 2501 me permet d'embrayer sur la formation du premier binôme de stagiaires SQT (stage de qualification transport), Fulgrand et Dubeaudiez.

Sans doute manque-t-il des instructeurs car il m'est proposé d'acquérir la qualification sur C-47 Dakota appellation militaire. Il s'agit en fait du Douglas C-47 Skytrain.

Ce fut le modèle d'avion de transport le plus construit, polyvalent, robuste et d'entretien facile. Il fut utilisé sur tous les fronts durant la Seconde Guerre mondiale.

J'en suis ravi bien sûr et huit heures aux commandes suffisent. Je me vois alors affecté d'un second binôme de stagiaires, les sergents-chefs Frechou et Vicendoriz. Au début des vols c'était assez drôle car j'avais 10 heures sur la machine et ils en avaient chacun 300 à 400. Il semblerait qu'ils ne s'en soient pas aperçus et ils furent rapidement qualifiés « premier pilote ».

Un des voyages en instruction me permit de revenir humer le bon air de Marrakech. Une seule contrainte, nous n'avions pas pu nous poser à Cagliari (Sardaigne), le terrain étant fermé.

Ainsi nous avons fait Ajaccio-Bousfer direct. Ce qui a déplu au patron du CIET, le commandant Clarion qui me fit rédiger quatre fois le rapport concernant l'évitement de Cagliari.

Et de me dire : « Vu de loin c'est beau mais votre écriture est illisible ! » Il n'avait pas fait refaire ses lunettes !

Février 1968 arrive… il manque un esclave du matin pour aider à former les opérateurs radio au GCA[1]. Le travail consiste à faire des rodéos sur D18S tout en se laissant guider en finale, sans voir la piste et pouvoir se poser. Nous appelons cette manœuvre une AMV (approche par mauvaise visibilité ou percée). Me voilà donc parti pour une nouvelle qualif sur D18S Beechcraft. Cet avion est un bimoteur de transport léger, développé durant l'entre-deux-guerres. C'était la machine de prédilection du général George Smith Patton pendant la guerre 39-45. Le major général Patton appartenant à l'Armée de terre avait obtenu son brevet de pilote. C'est donc d'un D18S qu'il observait les mouvements de ses blindés au sol, pour trouver une manière de les déployer efficacement au combat. Remarquable non !!!

Ainsi à l'honneur de piloter le même avion qu'un grand Soldat, s'ajoutait le plaisir de jouer avec ce petit bimoteur hypermaniable.

J'alterne donc les vols entre le Nord 2501, le Dakota et le D18S, mais il me manque encore trois types de machine qui s'ajouteront au fil des besoins, le Broussard, le Nord 262 et le Transall C-160, sans jamais me mélanger les pinceaux ! La chance certes mais surtout l'amour du métier de pilote qui domine largement celui de militaire. Mes chefs seront patients et indulgents.

La liste des missions de qualification des équipages s'allonge mais ce ne sont pas les seules. Il y a les largages de parachutistes, les tests tactiques et la guimauve dont nous reparlerons.

Je crois inutile de vous préciser cher lecteur, que les voyages de fin de stages qui qualifiaient les équipages étaient variés et intéressants.

Par exemple, le voyage VFS dit Sud présentait les étapes suivantes : Toulouse-Palma (ou Rome Fiumicino)-Athènes-Beyrouth. Un jour de repos pour visiter Balbec ou Damas puis retour par Istanbul-Athènes-Naples-Rome-Milan-Toulouse. Sympa n'est-ce pas ?

Loin de moi l'idée de faire de ce modeste récit un document pseudo-intellectuel mais certaines escales ont attiré ma curiosité,

1. *Ground Control Approach.*

c'est le cas de Balbec ou Balbeck ; Balbeck est l'ancienne Héliopolis des Romains.

La ville antique se situe dans le nord de la plaine de la Bekad. Elle est composée de ruines gréco-romaines avec des traces anciennes de l'époque sémitique. Le site figure maintenant sur la liste du Patrimoine mondial de l'Unesco. Le complexe des trois temples laissés par les Romains comprend :

- le temple de Bacchus un des mieux conservés du monde gréco-romain,
- le temple de Jupiter dont il reste six colonnes de granit,
- le temple de Vénus.

Généralement la route se faisait en luxueuse voiture américaine avec chauffeur.

Pour Damas, je m'abstiendrai de faire des commentaires, mon fils le fera mieux que moi pour avoir séjourné un an juste à côté...

Le 16 octobre 1968, j'ai l'occasion de faire, pour la deuxième fois, un contrôle premier pilote sur le voyage du VFS Nord. La première escale était Bruxelles et le soir nous étions à Dublin, capitale de l'Irlande.

Aller à Dublin sans boire de la Guinness correspondrait à aller à Lourdes sans boire l'eau de la Grotte.

Nous en avons donc bu un peu trop peut-être et nous avons découvert le Shove Ha'Penny. Le palet anglais est un jeu d'adresse qui date du XIXe siècle. Ce jeu consiste à envoyer des pièces de monnaie les Pennys, sur une surface marquée de lignes. C'est un jeu d'adresse qui se pratique dans tous les pubs anglais. En fait c'est « le pousse Pennys. » Honni soit qui mal y pense !!!

Étape suivante Amsterdam capitale de Pays-Bas puis Copenhague capitale du Danemark. Nous passerons la soirée au Tivoli en profitant des attractions les plus diverses comme les souffleries assez déroutantes... Le lendemain nous irons au Klappenburg et nous n'oublierons pas la Petite Sirène, statue en bronze qui renvoie au protagoniste du célèbre conte de fées écrit en 1887 par le Danois Hans Christian Andersen. C'est l'histoire d'une petite sirène malheureuse qui rêve de pouvoir marcher sur la terre ferme pour rejoindre son amoureux, en sacrifiant ainsi sa vie dans la mer.

C'est beau les voyages, cher lecteur, mais hélas les escales laissent rarement le temps de se cultiver, cependant il en reste toujours quelque chose.

Le lendemain, Bodo en Norvège. Je ne retiendrai que la beauté des jeunes filles blondes aux yeux bleus et le Musée des navires vikings. Nous sommes alors un petit peu au nord du cercle polaire où le soleil de minuit est visible du 2 juin au 10 juillet. En raison de la réfraction atmosphérique il n'y a pas de nuit polaire à proprement parler à Bodo. De plus, des montagnes se trouvent au sud de la ville ce qui fait que l'on ne voit pas le soleil à partir de décembre et jusqu'au début du mois de janvier. Dur, dur pour la bronzette ! Frileux comme je suis, nous redescendrons sur Oslo passer la nuit. Puis c'est le retour tranquille : Amsterdam, Copenhague, Hambourg, Munich (visite du Palais de la bière) Lyon et Toulouse.

Ces voyages concrétisaient le travail en ligne d'un pilote de transport aérien militaire. C'est la phase la plus facile de ses activités. En effet, les missions « vols basse hauteur » en formation de section ou en peloton, largages de parachutistes ou largages de matériel lourd sont quotidiennes ou presque.

À ces nombreuses missions s'ajoutaient la présentation des machines en meeting, les vols de la Patrouille Guimauve dont je reparlerai bientôt.

Je vais privilégier le récit d'une drôle de mission parce que, je crois, elle était prémonitoire, elle annonçait l'accident de deux Transall à Florès.

Le 19 octobre 1968, je ne suis pas d'alerte, mais chez moi à Cugnaux, en famille... c'est rare ! La sonnette retentit vers 22 heures 30, mon épouse va voir et revient avec la phrase qui tue : « Le planton te demande... » Surprise ! Mais j'ai droit à : « On vous demande aux Opérations ! » et me voilà embarqué avec le BV habituel : brosse à dents, slips et chaussettes pour une semaine. En fait je suis victime de ma disponibilité et de la coopération de ma femme qui ne dit pas un mot mais n'en pense pas moins ! C'est le lot des épouses des navigants !!!

En réalité, le pilote d'alerte dîne chez le capitaine D., chef pilote au CIET. Monsieur se défile, je deviens « la roue de secours », sans tambour ni trompette !

C'est une drôle de mission qui nous attend, la tempête fait rage sur l'océan Atlantique, les bateaux ne peuvent pas accoster pour porter secours à l'épouse d'un Français travaillant sur l'île de Florès un archipel du Portugal. Le CNES[2] a mis en poste des personnels chargés de la surveillance des trajectoires de nos satellites. C'est l'épouse d'un de ces spécialistes qui est victime d'une hémorragie intra-utérine. Elle perd du sang et il convient d'agir vite ! On s'en serait douté camarade leader ! À ce stade nous sommes censés décoller DQP, dès que possible s'entend, faire une escale à Bordeaux pour récupérer deux médecins parachutistes et des bonbonnes de sang. Nous repartons immédiatement mais nous sommes obligés de nous poser à Lisbonne pour « refueler ». C'est là que les choses commencent à se corser : la météo est catastrophique, un épais brouillard couvre le terrain. Nous n'avons pas les minimas, visibilité et plafond requis et de très loin. Heureusement je considère que nous avons le droit de commencer la procédure pour aller voir... cela ne me dérange pas vraiment, j'ai la mauvaise habitude de prendre les commandes « sous capote » c'est-à-dire sans regarder ni voir dehors, et poser la machine, disons zéro zéro (pas de visibilité, pas de plafond) et de demander au copilote, qui lui regarde dehors, de m'assister au cas où ce serait nécessaire, le travail de la Postale en somme, soit percée catégorie III, sans les moyens modernes actuels, je pose sans problème.

Il est environ deux heures du matin, je demande les phares pour rouler et là, c'est le rideau blanc, impossible de se diriger pour aller faire le plein. Nous sommes obligés de réclamer la *follow me*, voiture de piste à suivre comme l'indique son nom pour rouler sans risque.

Le décollage immédiat se fera sans problème particulier, à l'académie nous avons l'habitude de décoller sans visibilité, uniquement aux instruments. Nous ferons une escale à Porto Santo puis à Santa Maria avant de rejoindre Florès de jour et à l'heure convenue pour l'atterrissage.

Évidemment, un ennui n'arrive jamais seul... la piste est orientée nord/sud presque en plein milieu du village de Santa Cruz. À chaque bout de piste se trouvent des falaises abruptes. Cependant le gros problème est qu'à l'ouest, il y a quelques

2. Centre national d'études spatiales.

collines et que le vent dominant vient justement de l'ouest. Ainsi nous subissons en approche des rabattants terribles.

La première tentative me laisse perplexe, la seconde m'inquiète et la troisième me décourage !

Pourtant, les deux moteurs Hercule de 2048 ch chacun à fond, nous descendons encore. Pour éviter la paroi rocheuse je suis obligé de dégager en piqué à gauche vers l'océan. Je convoque les deux médecins parachutistes pour leur expliquer la situation et leur déconseille de sauter. Ils sont bien entendu d'accord. Ayant envisagé les choses ils m'apprennent que les bonbonnes de sang avaient été préparées avec des emballages qui, en principe, devaient les protéger de la casse à l'impact avec le sol.

Décision est alors prise de larguer les bonbonnes, les bateaux portugais ne pouvant toujours pas accoster à cause de la tempête, le largage étant la dernière chance. Et il y a une infirmière sur place capable de faire les transfusions sanguines. Alors nous larguons…

Puis nous partons sur Santa Maria pour dormir un peu car il y a plus de trente-six heures que nous n'avons pas fermé l'œil. Par radio nous apprenons que les bonbonnes de sang n'étaient pas cassées et que la jeune femme allait mieux.

Il y a des moments où on ne regrette pas d'avoir vaincu les difficultés… c'en était un !!!

Le retour fut plus calme, cependant le voyage apporte souvent des imprévus.

C'est à Lisbonne que nous en aurons un. Alors que nous sommes attablés au restaurant de l'aéroport, deux messieurs nous demandent s'ils peuvent s'installer à notre table… surprise il s'agit du chanteur préféré de ma grand-mère, Salvatore Adamo et de son imprésario. Depuis j'ai un plan de vol dédicacé par Adamo et il nous a même fait fredonner *Inch'Allah* et *Tombe la neige.*

Dernière escale à Bordeaux pour déposer les deux médecins et retour à Francazal.

Vous voyez cher lecteur, elle me plaît beaucoup cette mission… sauver une vie, même si c'est indirectement !

Mon patron du moment, le commandant Lebrun, écrira dans le livre *Le Noratlas* de Xavier Capy, page 85 « Le 13 octobre, l'équipage du lieutenant Daroux décolle de Francazal à destination de Santa Maria dans les Açores, pour effectuer de nuit le parachutage de deux chirurgiens et leur matériel afin de venir en aide à l'épouse d'un agent français. La mission sera un succès total malgré une météo particulièrement défavorable ». Ben voyons mon commandant... maintenant général quatre étoiles !

Le 16 mai 1970 un petit événement aurait pu, une fois de plus, mettre un point final à ma vie... Encore le Destin !

C'est au cours du voyage de fin de stage du capitaine Macé sur le Nord n°195, que les aiguilles auraient pu se figer sans cette bonne étoile. Les équipages de contrôle en ligne étaient composés de deux moniteurs et de deux pilotes stagiaires. Il en était de même pour les mécaniciens, mais pour les navigateurs les étapes étaient plus longues.

Donc durant cette étape qui a failli me coûter la vie, nous survolons l'Angleterre. Étape Hambourg-Benson en IMC c'est-à-dire dans les nuages.

Je ne suis pas en fonction mais j'écoute le trafic radiotéléphonique tranquillement installé dans le cargo avec Macé. C'est la règle.

À un moment donné, je pense comprendre que le centre de contrôle de Londres nous demande de monter immédiatement au niveau de vol supérieur. J'attends, le régime des moteurs qui devrait augmenter ne change pas, rien ne se passe... Je fonce dans le cockpit pour en parler à l'instructeur aux commandes. C'est à cet instant que j'aperçois exactement à la même altitude et à environ une centaine de mètres un Lockheed C-130 me semble-t-il. L'instructeur en fonction le voit... devient blême mais ne fait rien. Il quitte son poste que je m'empresse d'occuper... Son inattention ponctuelle et la peur qu'il a eue lui vaudront une jaunisse carabinée.

Personne n'en soufflera mot. Comme à l'époque la couverture radar était secondaire sans transpondeur, il n'y eut aucun suivi de l'événement. Encore une fois « le coup passa si près que le chapeau tomba » !!!

Voyage hors du temps

Juin 1970, pour la première fois un Nord 2501 va aux Antilles pour remplacer le Dakota... Oh ! Pas en ligne droite mais en faisant la boucle par le Grand Nord, car il n'a pas l'autonomie nécessaire pour traverser direct l'Atlantique Nord. C'est avec le Nord n° 136 que nous partons le 2 juin de Toulouse. Puis Évreux, Villacoublay, Reims pour récupérer du matériel.

Le 3, Reims, Prestwick (Islande), escale à Keflavik, commune de Keflavik Urflugvolur, aéroport principal d'Islande.

Le 4 juin, c'est une étape qui nous marquera, Keflavik Sonderstrom Air Base, base américaine au centre du Groenland, située à 97 km au nord du cercle polaire.

La météo était excellente en survolant la mer ; bien que parfaitement équipé, le moindre regard sur les icebergs me paralysait de froid (d'effroi !). Bien sûr, si nous avions dû nous « ding cher » (amerrir) j'aurais été mort avant d'arriver dans cette eau glacée ! Heureusement il n'en fut rien !

Par contre, malgré des niveaux de vol convenables pour un avion non pressurisé, nous avions l'impression de voler à basse altitude, tellement l'envergure de l'ombre de la machine projetée par le soleil sur la banquise semblait disproportionnée.

Une fois posés, peu habitués aux us et coutumes des Américains confinés dans ce lieu, nous suivons le chaland. Nous entrons prendre l'apéritif, le soleil est encore visible au ras de l'horizon. Le bâtiment est un genre de rotonde, donc nous suivons le fil pour rejoindre les restaurants, puis les boîtes de nuit et le dancing. Tout ça en enfilade jusqu'à la sortie, sensiblement vers 4 heures du matin... Nous restons scotchés : la luminosité est la même que huit heures précédemment, le soleil a tourné mais il est à la même hauteur dans le ciel, c'est-à-dire presque tangent à l'horizon.

Personnellement trop occupé à préparer le côté technique du vol, je n'avais pas eu l'idée préalablement de jouer le rôle du touriste qui envisage les phénomènes qu'il va rencontrer. Je n'hésite pas à faire l'étonné là ou d'autres arborent des mimiques de blasés.

L'horloge biologique s'est détraquée, nous devons décoller dans deux heures et personne n'a sommeil ! En attendant nous attaquons une partie de tarot, jeu de cartes que le capitaine Caillebotte aime bien. Nous ne sommes pas à Air France, les temps de repos ne sont ni normalisés ni imposés.

Après un petit-déjeuner copieux, le passage au bureau de piste pour consulter la météorologie, les NOTAM[1], nous déposons le plan de vol. Le mécanicien et le soutier sont partis faire la visite prévol et conditionner l'avion. C'est le lieutenant Burtey qui est chargé de l'étape : Sonderstrom, Frobisher Nord Canada, Québec, province majoritairement francophone de l'est du Canada.

Il est prévu que nous y passions deux nuits et un jour. Super, le temps de visiter cette ville et nous allons dîner.

Avant j'avais eu la correction de téléphoner à un cousin de mon épouse qui habite à Montréal.

Et, c'est la surprise : alors que nous sommes en train de souper, nous entendons une annonce pour le moins curieuse : « On demande Monsieur Daroux », l'équipage confirme. Je prends quand même la peine de sortir dans la rue et faire de grands signes au policier qui semble me chercher.

Effectivement, le cousin considérant que nous étions sur le même continent ne supportait pas l'idée de ne pas me voir. C'est ça la famille ! Raymond et son épouse Cécile m'attendaient au commissariat du coin. Et c'est ainsi que j'ai parcouru les 256 km, à l'avant de leur Buick, de nuit en suivant le Saint-Laurent pour aller à Montréal. Le lendemain soir, je revenais au Québec par le train et j'apprenais que l'équipage avait fait des rencontres intéressantes la nuit précédente, c'est le lot des escales...

Nous sommes le 8, décollage de Québec pour Norfolk, base navale, aérienne et sous-marine. Les Américains ne connaissaient pas le Nord 2501 et le prenaient pour un Paquet Fairchild.

Puis c'est le saut Norfolk-Miami Homestead.

Nous volons, à notre gauche Cap Canaveral Air Force Station utilisé pour tester des missiles balistiques, des missiles de croisière, etc.

1. *Notice to air men.*

Je m'évertue à comprendre et à suivre les consignes des contrôles américains. Éviter les « say again » est ma priorité ainsi que d'enregistrer tout le trafic radio pour le laboratoire de langue de l'école de Toulouse. Et c'est là que le navigateur Burtey en profite pour raconter ses frasques de la veille au Québec... ça s'appelle du travail d'équipe ! Sauf qu'il n'avait pas prévu que j'enregistrerais aussi les conversations sur le téléphone de bord. Ainsi, le jour du départ du commandant du CIET j'ai ressorti les minicassettes, et je vous prie de croire que ce fut un bon moment, un très bon moment même !

Miami Homestead où nous passons la soirée et la nuit, rien de particulier à noter, les Américains sont chez eux, l'entourage ne les perturbe pas ; nous sommes fatigués et il nous reste quelques étapes à ne pas rater, la suivante étant Miami-Porto Rico Ramey.

Jusque-là, pas un problème mais la tension était à son comble, la fatigue aussi, d'où un certain relâchement. Dès notre arrivée à Porto Rico, le navigateur va faire le plan de vol pour le lendemain, notre dernière étape. Je lui demande de me rapporter la fiche du terrain pour m'assurer des procédures. Il l'oubliera ! Bon relax ! On verra... Aussi je passerai une partie de la nuit à déambuler, seul, dans les rues. J'aime bien, ainsi je peux observer en toute tranquillité.

Debout très tôt, quelle n'est pas notre surprise de constater qu'il y a du brouillard « à couper au couteau ». Je ne suis pas pilote en fonction, mais j'assure le trafic radio. C'est là que les difficultés commencent.

Le contrôleur annonce la « *clearance* » (autorisation) suivie de « *Report Bimini* ! »

Certes, je comprends qu'il désigne notre point de sortie... mais je n'ai aucune idée de l'endroit où il se trouve. Je collationne phonétiquement cette autorisation de départ. Je jette un coup d'œil interrogateur aux membres d'équipage. Le pilote en fonction a enlevé son casque pour se gratter le crâne, le navigateur a laissé tomber son crayon et le mécano s'en fout... il fait confiance, par force !

C'est dans cette situation hasardeuse que nous nous alignons et décollons. En montée, nous restons dans l'axe du décollage et c'est alors que la voix suave du « ricain » me crache : « *turn left 90° immediatly to Bimini !* » À ce stade je comprends, en consultant la carte qu'il s'agit du point de report situé sur une petite île, au nord de Porto Rico.

Mais ce n'est pas fini. Je découvre aussi que le point d'entrée dans la TMA de la Guadeloupe sera Ayao, reste à le trouver sur la carte. Plus tard, je suis hors de portée VHF et le radio doit prendre le trafic sur HF. N'y comprenant rien, l'homme des ondes hertziennes, basses fréquences, me refile le « bébé ». C'est à ce moment que j'obtiens les coordonnées géographiques du point Ayao.

Le coup de chaud passé, je me promets bien de ne plus jamais m'abstenir d'aller consulter la documentation locale.

Nous arriverons « cool » à Pointe-à-Pitre.

Cette anecdote me confirme qu'en aéronautique, dans la mesure du possible, il ne faut jamais faire entièrement confiance à autrui lorsqu'on est commandant de bord, donc responsable.

La Guadeloupe

Pointe-à-Pitre et le Planteur, punch martiniquais, délicieuse boisson au rhum blanc dégustée sous le regard coquin de nos hôtes dans un bar à température douce :

— Mais on ne marche pas sur une seule jambe, Mon capitaine, allez un petit de plus pour la route !

— Ce n'est pas de refus mon ami !

Car après cinquante heures de vol tout le monde est ami ! Sauf, qu'ils savent qu'en mettant le nez dehors, avec la chaleur, dans la fraction de seconde nous serons tous KO !

Cela les amuse et ne nous a pas tués, c'est un bon souvenir qui ne laisse pas de trace, car finalement il y a peu de rhum !!!

La Martinique

Le 11, après un jour de repos nous ferons Pointe-à-Pitre, Fort-de-France (Martinique).

Super coup de soleil garanti en allant, dans la baie de Fort-de-France, se promener sur le boutre, tous les membres de l'équipage n'en dormiront pas de la nuit.

Le 12, c'est Fort-de-France, Cayenne (Guyane française), mais retour immédiat à Fort-de-France pour entraîner deux pilotes de Dakota sur Nord 2501 et leur délivrer la qualification.

La livraison du Nord est d'ailleurs le but de notre voyage au long cours, adapté à l'aéronautique.

Quelques destinations locales comme San Juan donc retour à Porto Rico.

Le 18 je fais un dernier vol sur Dakota, je pense.

Le 19, c'est le contrôle en ligne du commandant Xueres et du capitaine Gauthier.

Tout se passera bien puisque je suis « juge et partie » sauf qu'ils n'ont pas aimé le coup de la panne. En effet, pour leur montrer ma confiance, j'avais occupé la place du radio, à l'arrière. Pour voir leur réaction, en particulier celle du mécanicien, je ferme le robinet d'arrivée de carburant du moteur droit. Nous sommes au-dessus de l'eau et pas de terre en vue entre Porto Rico et la Guadeloupe...

Quelques petits ratés et l'Hercules ne ronronne plus. L'hélice continue à tourner avec le vent relatif dû à la vitesse. L'embardée est douce mais la surprise est grande !

Enfin le mécano comprend, tourne la tête, fait un bond tel un kangourou et ouvre le robinet d'essence. Le moteur resté à l'état de fonctionnement, toussote, fume noir et reprend son régime de croisière.

Je n'ai jamais su pourquoi cet équipage m'avait fait « la gueule » le restant de la soirée... bon d'accord ce n'était pas très gentil mais de bonne guerre ; au moins, cette erreur ils l'auront vécue.

Il ne sert à rien de dire, il faut joindre le geste à la parole pour développer le côté « réflexionnel ». Toujours instruire au second degré !!!

Le 22 juin, c'est le retour à Toulouse via Lajes (Açores) mais sur DC-6 capable, lui, de traverser l'Atlantique. Le commandant de bord était le lieutenant Guillou, sympa il m'avait laissé la place gauche, il se reconnaîtra peut-être.

Quinze heures de vol quand même, ce n'était pas le Concorde !!!

La patrouille Guimauve

Pour changer un peu de rubrique et snober la monotonie de la ligne, évoquons la Patrouille Guimauve, car le 6 août 1970 je faisais la 99e présentation, répétitions comprises.

La Patrouille Guimauve, seule patrouille acrobatique ayant existé au sein du transport aérien militaire, créée en 1960 au CIET 340, à l'instigation du commandant Coudert et du capitaine Marouard. Les pilotes de la patrouille sont tous des instructeurs chevronnés du Centre d'instruction des équipages du transport, aux États-Unis on aurait dit l'Académie... mais le Gaulois a le sens des valeurs, surtout dirais-je s'il est militaire et j'assume !

Les quatre ou cinq avions enchaînent des figures longuement répétées et la présentation se termine par un éclatement donnant l'impression que les avions se percutaient.

C'est d'ailleurs la forme particulière de l'amorce de cette dernière figure qui lui vaudra le nom de Guimauve. L'avion solo, le cinquième, exécute des figures entre chaque passage de la formation.

Je n'ai aimé et occupé qu'une place dans la formation, c'est la 4e dite « le Charognard », juste derrière le leader. Elle était facile à tenir repoussée et aspirée par le n°1, par contre elle demandait une concentration épuisante car, au moindre ralentissement du leader c'eut été le drame si je l'avais percuté, l'avion aurait perdu sa gouverne de profondeur et serait devenu quasi impilotable !

Mon grand plaisir était d'aller voir le leader (capitaine Duvivier) et de lui demander si le vol avait été paisible. Mon jeu totalement idiot, ils vont le découvrir, consistait à placer l'avant de notre Noratlas sous l'empennage horizontal de l'avion leader. J'avais remarqué une difficulté particulière du pilote pour stabiliser sa machine. En fait il se produisait un coussin d'air qui poussait la gouverne vers le haut et donnait une variation à cabrer, à cet aéronef s'entend. Ils n'ont jamais compris pourquoi ! Maintenant il y a prescription Mon général, et vous ne pouvez pas me punir, ça me vengeait du coup de Florès...

Je pense avoir fait ma 99e et dernière présentation Guimauve le 19 mars 1971 avec le capitaine Fulgrand sur le Nord n°84.

Nord 262

Septembre 1970 le CIET devait recevoir le Nord 262 pour former les équipages. Or il n'y aurait que les six Bastan VI du GAEL (groupe d'entraînement et de liaison basé à Villacoublay). On nous en prête un et à ma grande joie je vais faire une nouvelle formation, cette fois sur un biturbine. Le 28 septembre je suis sous la coupe de capitaine Gamet leader pilote. Une vingtaine d'heures sont nécessaires pour acquérir le nouveau sésame. On ne traîne pas dans la maison ! Le 3 décembre je reçois mes deux nouveaux élèves sur le Nord 262, le lieutenant Gavoille et le sergent-chef Sadoux. Comme sur le Dakota, j'ai 20 heures sur la machine et ils en ont chacun 200 à 300, il va falloir jouer serré ! La progression est rapide après un petit Bordeaux et un petit Marseille pour promener monsieur Alexandre Sanguinetti, homme politique UDR qui devait monter à Paris. Évidemment nous avons privé le GAEL d'un avion mais lui devons main forte, c'est le pourquoi de ces missions dites « ministérielles ».

Le voyage suivant, le 14 janvier 1971, fut Berlin Tegel, ô certes je connais... mais sur le 262 il n'y a pas de navigateur, seulement un ingénieur du tournevis pour assurer le *refueling* et les visites prévol. Nous sommes en avance sur l'équipage à deux actuel !

Le Nord 262 est le n°45 et il fonctionnera parfaitement.

La soirée à Berlin, quartier Napoléon c'est-à-dire français, nous irons au Palais de la bière.

Gavoille n'en revient pas de voir à quel rythme les verres de schnaps défilent entre les chopes de bière. Les femmes n'étaient pas les dernières à assurer la transhumance aux toilettes. Nous découvrons... en fait, ils découvrent car j'ai déjà fréquenté les palais de ce genre. Nous les Français, sommes quelquefois alcooliques et ça ne se voit pas, eux, ils se saoulent pour s'amuser et ça se voit !

Le retour se passera bien, et le 18 du même mois c'est le voyage de fin de stage SQT de mes deux candidats. Si pour Berlin nous étions deux instructeurs, pour ce voyage je serai seul examinateur, le lieutenant Charbonnier étant hors course.

Premier jour, Toulouse, Milan, Rome.

Le 19, c'est Rome, Barcelone, Séville.

La soirée à Séville nous laisse un excellent souvenir. Nous la passerons au patio Andalous à admirer les danseuses de flamenco (danse créée par le peuple andalou, datant du XVIIIe siècle et qui se danse seul). Superbe !!!

Nous ne partirons pas sans une petite visite à l'Alcazar ainsi qu'un petit salut à la cathédrale gothique qui comprend le tombeau de Christophe Colomb.

L'étape Séville-Madrid ne fut pas de tout repos, des orages terribles nous attendaient. Le Bastan (marque du moteur du 262) avait la réputation de s'éteindre sous forte pluie. La compagnie Rousseau Aviation en a fait les frais. C'est le moment de faire une campagne d'essais... eh bien non, aucun des deux ne s'éteignit. Chance !

L'étape Madrid-Toulouse fut très calme, hélas nous apprenions qu'un des six Nord 262 du GAEL venait de percuter les collines près de Montélimar avec sept ingénieurs atomistes de Saclay à bord ! Descente prématurée semble-t-il...

Le CIET perdait ainsi le seul 262 affecté, le GAEL le récupérant pour ses missions.

Il n'y eut plus de stage sur Nord 262 au CIET, les autorités décidant d'équiper l'école de Transall C-160.

Transall C-160

Quinze jours passés à l'ETIS (stage de formation Transall au sol) à Orléans-Bricy, et le 28 décembre 1971 c'est le départ pour deux semaines à Fort-Lamy, en formation, sous la coupe du capitaine Cyssau, sur le C-160 n°62. Cinquième et avant dernier appareil que j'aurai utilisé à Toulouse, le dernier étant le Broussard pour les besoins au GMT à N'Djaména plus tard.

Avec Cyssau il ne fallait pas traîner les savates, c'était tous les jours une ou deux missions.

Douala bien sûr pour le ravitaillement et aussi quelques bouteilles de whisky et de Ricard pour les copains. Évidemment, le prix était attractif !

Douala, Port-Franc, nous visitions des petits terrains comme Mongo-Abéché-N'Gaoundere et nous allions également à Libreville histoire d'enjamber l'équateur.

Retour à Toulouse, de nuit, le 14 janvier 1972.

Quatre mois à pratiquer tantôt le Nord 2501 ou le Transall et quelques GCA[1] sur D18S avant que me soit affecté mon premier binôme sur C-160, Jacques et Philippe. Ayant pris l'habitude de tutoyer les subordonnés mais toujours vouvoyer les supérieurs, je n'ai pas noté le grade de ces candidats élèves SQT sur Transall. Ce devait être deux lieutenants, qu'importe ! Le grade ne m'intéressait pas, seul le résultat aéronautique comptait...

Pratiquer l'impartialité dans un milieu de « galonnés » n'a rien de simple pour se faire accepter !

Je crois que dans ce domaine j'ai eu de la chance.

1. *Ground Control Approch.*

Je pense que Jean-Luc, chasseur sur Mirage 2000 et Rafale a bien mieux réussi que moi, son père !

Sur Transall nous faisions des missions destinées le plus souvent à former et qualifier des équipages, les pilotes bien sûr, les radionavigateurs et les ingénieurs mécaniciens.

Ainsi il n'était pas rare de décoller à 21 heures pour faire, *non-stop*, Toulouse-Santa Maria-Toulouse. Ce vol était au profit des mordus de la règle CRAS et du sextan, sur Nord 2501 en particulier. Soit la navigation ASTRO en visant les astres avec un sextan et en restituant les visées qui se traduisaient par une position relativement imprécise sur la carte. Le pilote travaillait alors au graphique de route géré par le *doppler* et le dérivomètre. J'aimais beaucoup, car avec une bonne connaissance des vents à nos niveaux de vol FL 240/260 généralement très stables sur l'océan, nous arrivions à être plus précis que les spécialistes de la règle CRAS. Cela les agaçait sévère !!!

Le 11 septembre 1972 sur le C-160 n°45, c'est l'une des premières traversées de l'Atlantique Nord avec un bimoteur, l'ébauche en somme de l'Etops[2], règle imposée aux bimoteurs pour assurer la sécurité en cas de panne moteur, permettant à ces derniers de rejoindre un terrain de déroutement sans problème. Nous parlons là d'une traversée directe sans escale dans le Grand Nord.

Première étape Toulouse-Lajes (île portugaise de Terceira aux Açores).

Puis Saint-Pierre-et-Miquelon. Il faudrait quatre étapes car il y a deux stagiaires à qualifier avec deux étapes chacun. Faire un aller-retour ne conviendrait pas, ceci posera d'ailleurs un problème au retour.

Saint-Pierre-et-Miquelon est un archipel français au sud de l'île canadienne de Terre-Neuve peu peuplée. Nous y sommes accueillis comme des nababs, les locaux étant peu habitués à recevoir des métropolitains et c'est la grande fête le soir de notre arrivée. Bref… nous avons une journée pour assister à la pêche à la morue.

Étape suivante Saint-Pierre-et-Miquelon - Gander municipalité canadienne située au nord de l'île de Terre-Neuve et Labrador pour *refueler* car il n'y a pas de kérosène (Jet 1) à Saint-Pierre.

2. *Extended-Range Twin-Engine Operation Performance Standards.*

Enfin c'était le grand Saut : Gander-Le Bourget ou Gander-Orléans direct, dix à onze heures de vol non-stop, de nuit... Le côté reposant pourrais-je dire était que nous devions changer d'équipage en plein milieu de l'Atlantique pour avoir les quatre fameuses étapes. C'était l'horreur ! En effet l'équipage qui partait de Gander, fatigué des frasques de la veille à Saint-Pierre, dormait si profondément sur les civières qu'il était difficile de les ramener à la vie.

De surcroît, prendre la direction des opérations sans en connaître le moindre paramètre n'était pas donné. Il était convenu que l'instructeur qui se mettait en place prenait les consignes de celui qui allait se coucher... Il y avait aussi les duos de navigateurs et mécaniciens, et c'étaient les équipes de stagiaires titubants, mal réveillés, n'étant pas habitués à ces nuits magiques, qui avaient des difficultés pour trouver leur place.

Heureusement, le pilote automatique gardait le cap et l'Altitude, la chance faisait le reste !!!

Un bon navigant doit avoir une dose d'optimisme à toute épreuve et un saint Christophe autour du cou. Seul le pourcentage de chance a changé, il s'est amélioré grâce à la technique, mais pas à l'humain. Il suffit de l'admettre. J'ai 43 000 heures de vol, donc beaucoup de chance !

Je ne fais confiance qu'à ma Bonne Étoile en l'implorant avant chaque vol. C'est ma religion, chacun la sienne !

L'ennemi reste l'inattention et l'excès de confiance.

Comment assurions-nous notre route ? Pas de GPS[3] à l'époque à pointer sur *Go to*. Il y avait trois ou quatre bateaux en stationnaire dont nous connaissions les coordonnées et qui nous communiquaient des QDM (route à suivre pour aller vers eux), donc nous permettant de recaler nos positions. Le navigateur pouvait faire des visées astro avec le sextant et restituer la position, classique sur le Noratlas, non prévu sur le C-160. Le pilote, grâce au *doppler* (radar qui utilise l'effet Doppler-Fizeau de l'écho réfléchi par une cible) pouvait mesurer la vitesse radiale. Ainsi nous avions en permanence la vitesse réelle de l'avion par rapport au sol ou à la mer. Le dérivomètre donnait la dérive comme son nom l'indique, qui est à peu de chose près, la différence angulaire entre le cap et la route suivie.

3. *Global Positioning System.*

Avec ces deux paramètres nous pouvions souvent contrarier par logique et simplicité, les calculs savants du maître des étoiles.

Ce fut le cas le 15 septembre, après dix heures de traversée maritime, d'entendre le lieutenant Burtey casser les oreilles de son malheureux stagiaire avec lequel j'étais en phase d'ailleurs. Je branche le radar de navigation et stupeur !!!... nous visons Londres

Ce qui donnait à peu près 80 à 100 miles au nord de notre route. Discrètement, de mon index futé de mauvais camarade, je fais signe au pilote stagiaire en place gauche de ne rien dire ! De l'autre index, main droite j'affiche 60° à droite à la pinule (repère de cap à prendre par le PA [pilote automatique]). Le couple de viseurs d'étoiles m'invective avant de voir l'image du radar et d'accepter l'évidence. La fin de l'étape se passera dans un silence « assourdissant » (cliché) et je n'ai jamais compris pourquoi ? Et toi Tristan, qu'en penses-tu ?

Bien qu'étant resté discret sur l'incident, il fera quand même le tour de l'Armée de l'air.

Changement de registre ; comme assez régulièrement, les pilotes de ligne se mettent en grève. Celle de 1962 avait fait passer l'âge de la retraite d'un PL (pilote de ligne) de 55 à 60 ans, ce qui nous a, mon camarade Bernard O. et moi, coupé l'herbe sous les hélices. L'intention y était mais la porte était fermée. Il faut s'engager dans l'Armée de l'air et je ne le regrette pas. Quant à mon camarade Ortolland, il sera pilote à Air France à... 53 ans. Il ne faut jamais désespérer !

Une autre grève du Syndicat national des pilotes de ligne, voit l'Armée de l'air assumer le travail d'Air Inter ; c'était sympa, nous invitions les dames et demoiselles en place mécanicien sur Noratlas. Pas très confortable mais tellement amusant... pour nous aussi !

Les choses se gâtent lorsque les autorités gouvernementales osèrent proposer les lignes long-courriers à l'Esterel, escadron militaire équipé de DC-6.

Air France ne l'entendit pas de cette oreille et fit courir le bruit que les équipages militaires n'étaient pas formés pour ce travail. Le projet avorta.

C'est alors que le président de la République décréta qu'il y aurait une équivalence entre le certificat de pilote de ligne et les brevets de pilote dans l'Armée de l'air et la Marine. Il m'a été rapporté que seuls les officiers supérieurs et généraux auraient accès à cette équivalence. Pourquoi ?

Plusieurs hypothèses, mais je me dispenserai de tout commentaire. Donc le projet a été annulé.

L'affaire ne pouvant rester en l'état, il a été décidé que les pilotes militaires passeraient les examens du pilote de ligne comme tout un chacun. Ils sont donc bivalents au plan des qualifications.

Le 22 février 1973, nous sommes en entraînement ILS[4] à Toulouse-Blagnac sur le Nord 2051 n° 56. La procédure se fait face au nord-ouest QFU 33 R. Nous touchons et envisageons une nouvelle procédure. En montée initiale, le moteur droit tombe en panne. Le mécanicien passe l'hélice en drapeau sur ordre du pilote à l'instruction. Je décide de dérouter sur Francazal. Nous sommes dans la couche nuageuse et la procédure exige de faire une verticale de la balise TLF (dans le NW de Francazal). Cette procédure s'engage bien, c'est une approche GCA[5] pour la piste 12, face au sud-est. C'est à ce moment que le deuxième moteur perd sa pression d'huile et sa température passe dans le rouge... Nous sortons de la couche et je vois la piste. Je demande au mécano de se préparer à passer l'hélice en drapeau et je profite du fait qu'elle tourne en moulinet pour sortir le train d'atterrissage. Train sorti verrouillé au vert, nous passons la seconde hélice en drapeau ! Nous sommes en planeur avec un bimoteur, ce n'est vraiment pas commun ! Poser en 30, QFU du moment impossible, je décide d'atterrir en 12... C'est le silence dans le cockpit, ça se comprend.

L'atterrissage est réussi, Amen !!!

Cette réussite peut s'attribuer au fait que les instructeurs ont l'habitude d'effectuer des exercices de panne. C'est le côté petite accélération psychologique de l'équipage qui agit avec calme et réflexion. Second facteur, la chance !!! Quoi qu'il en soit, nous sommes posés sur la piste et rien de cassé. Bien sûr, les autorités aéroportuaires, mises au courant dès réception de mon premier message de panne ont déclenché les secours. Nous voilà donc

4. *Instrument Landing System.*
5. *Ground Control Approch.*

entourés de pompiers, d'infirmiers et même du commandant Lebrun, patron du CIET.

Je crois qu'ils ont tous vécu l'événement avec plus d'anxiété et de stress que les membres de l'équipage, que moi en tout cas... Maîtrise ou inconscience ? À vous de choisir, mais pas insouciance !

À ma grande surprise j'apprenais que le patron envisageait de me proposer pour la prestigieuse médaille de l'Aéronautique qui sera l'une des deux que je préfère avec la médaille d'honneur du Service de santé, agrafe argent !

Le 14 mars 1975 m'était donc attribuée la médaille des aviateurs prestigieux, d'ailleurs en même temps que la Légion d'honneur, chevalier, c'est la seule vraie... ensuite les grades suivent la carrière ou le vieillissement naturel, sauf exception au mérite quand même !

Rapport : Synthèse Sécurité des vols n°1/74 246 établi par le commandant Lebrun, patron du CIET : « *Jean-Louis Daroux, moniteur, commandant de bord très expérimenté sur Nord 2501 qui, par une connaissance approfondie du matériel, au jugement très rapide et une maîtrise totale de son appareil a, par deux fois très rapprochées, ramené personnel et matériel en toute sécurité bien que victimes d'ennuis très graves !* »

Ce qui m'a valu 10 points positifs, ce qui est rare !

Avec le commandant Cyssau j'ai l'honneur de refaire du Nord 262 à l'école de Saint-Yan avec M. Lechevalier et à Montpellier avec M. Quenel. Ils nous faisaient passer le pilote professionnel IFR[6] civil.

Le 6 décembre 1972 sur le Nord 2501 n° 51, j'accompagnais à Montpellier le premier candidat au PPL (pilote professionnel 1re classe) pour passer les épreuves à 9 h 15... pas cadeau !

Depuis 1999, l'avènement européen Bruxelles, civils et militaires ont la même étiquette.

Les pilotes de l'Armée de l'air et de la Marine ont donc un tronc commun à Salon-de-Provence et passent les mêmes examens qu'à l'ENAC pour la partie équivalence civile et ensuite ils suivent la formation spécifique aux militaires. Ceux-ci ont donc une double casquette et comme deux noires font une blanche

6. *Instrument Flyght Rule.*

en musique bien sûr, un pilote militaire vaut deux pilotes civils... Allez, du calme c'est une boutade !!!

Septembre 1973 sur le C-160 n°3, avec Monssus et de Fabregue arrivant en fin de stage de qualification, c'est un itinéraire différent qui nous attend. Le 16, Toulouse, Orléans nous permet d'assurer le chargement. Le 17, Orléans-Brindisi ville portuaire située sur la mer Adriatique au sud de l'Italie, n'était pas encore dans mes carnets. Pour le vol c'est la routine.

La prochaine étape Brindisi-Le Caire ne pose pas de problème. Je suis plus à mon aise à la radio avec l'accent du coin qu'avec celui d'Oxford ou surtout celui des Texans qui ne font aucun effort et qui deviennent vite agressifs. Au moins les Français font des gestes, une fois au sol évidemment.

Le 19, étape Le Caire-Djeddah ville d'Arabie saoudite à vocation commerciale, située au bord de la mer Rouge.

Enfin Djeddah-Djibouti qui se situe sur la corne de l'Afrique, pays principalement francophone. Nous nous y sentons presque chez nous. Une petite surprise m'attend. Le soir venu lors d'une promenade nocturne, je rencontre mon camarade de promotion et seul vrai frère d'arme, Bernard Ortolland dit Totol (nom de guerre). Avec un nom comme ça, il ne pouvait pas espérer mieux que voler... pardon camarade ! J'avais bien remarqué un DC-8 sur le Tarmac mais n'avais pas cru bon d'aller voir la composition de l'équipage. Ce DC-8 allait à Madagascar.

Le progrès était là car pour atteindre la même destination en Noratlas quelques années auparavant, il m'avait fallu une semaine. Ils y seront le lendemain, et encore sans se presser car ils auraient pu y être le jour même. C'est pour cela que je n'ai jamais aspiré à voler sur ce quadriréacteur, ça va trop vite, pas le temps de découvrir ou de lézarder. De plus, passé le niveau de vol 250, même avec la pressurisation je m'étouffe, et pas toujours facile de trouver une convoyeuse serviable pour « le bouche-à-bouche »... alors vive la Postale et le Breguet 14.

Les pilotes avaient le temps de vivre l'Aventure dangereusement bien sûr. Ce qui en faisait la valeur et le charme !

Vivre sans péril n'est-il pas vivre sans gloire ?

Merci camarade Totol pour l'excellent moment passé en ta compagnie sur le port à écouter les vagues de la mer Rouge devant les superbes bâtiments architecturaux du XIXe siècle sur la place Menelik aux arcades mauresques. C'est déjà loin tout ça...

Notre retour se fit sans encombre à la vitesse de 240 à 260 kt (soit 500 à 600 km/h) largement suffisante pour avoir le temps de rêver.

Il me semble déjà avoir écrit ; le plus enivrant en vol de nuit, par exemple la traversée de l'Atlantique en écoutant les communications radio entre Shanwick Oceanic Control et les avions, était de rêver. À l'instar des légionnaires habitués au désert qui ne pouvaient plus se passer de cet isolement pour imaginer... des heures, bercé par le bruit des turbines, me permettaient de vivre « l'imaginaire », là était le délice des vols nocturnes !

Ceci suppose sans doute une certaine tournure d'esprit. Je n'ai pas fait analyser la chose, je me suis contenté de rêver ! Un peu comme dans ma prime jeunesse je rêvais que je volais jusqu'au jour où, en essayant vraiment, je me suis cassé la margoulette (voir Gustave Flaubert pour la définition).

Les choses se gâtent, le ciel toulousain s'obscurcit, le toit de notre petit pavillon de Cugnaux pleure... normal il pleut ! Le patron du CIET me croise sur le Tarmac. Il a fait volontairement un vilain crochet pour me rencontrer... Je ne me suis pas gouré !

Il me tint à peu près ce langage (dans ce cas il est bien le corbeau... mais ne lâchera pas, hélas, le calendo) et de me dire : « Mon cher Daroux... (il biaise car il sait qu'il ne va pas me faire plaisir) six ans que vous rendez service au CIET il faudrait songer à changer de crémerie... il faut y penser ! »

Encore une fois il se paye ma fiole ! À ce stade je sais que tout est déjà cadré en ce qui concerne mon triste et humble sort. Lors d'un second crochet j'ai droit à des précisions. Bref, il accouche enfin. Ce sera le Grand Sud et il m'annonce qu'il faut me préparer à partir à N'Djaména, au Tchad pour un an... en séjour opérationnel et sans famille...

Le plus dur sera de prévenir l'épouse, les enfants étant jeunes ne réaliseront pas immédiatement.

Et pourtant ce sera très dur pour tous !!! Pour moi il n'y a pas que l'éloignement, il y a le danger éveillé par « séjour opérationnel ».

Il me reste une formalité à honorer avant le départ, acquérir la qualification sur Broussard, le fameux Max-Holste MH 1521. C'est le lieutenant Gossiaux qui s'en chargera. Le 18 avril, après sept heures de vol, c'est fait. J'allais pouvoir contrôler les pilotes du GMT qui en avait deux exemplaires.

Quelques souvenirs en images...

Je rêvais que je planais…

À droite : Sélection Armée de l'air à Aulnat sur SV.4 Stampe.

BASE ÉCOLE 707

Ci-dessus et à gauche : Sur T-6, à Marrakech au Maroc.

À droite : Liaison Marrakech-Sidi Zouine en Junker Ju-52.

Ci-dessus : Le lâcher en solo sur Hiller H-23B. Un évènement !

Ci-dessus et à droite : Le brevet de pilote militaire d'hélicoptère au Bourget-du-Lac.

À gauche et ci-dessous : Transformation sur les « gros ». Sikorsky H-19 et Sikorsky H-34.

Ci-dessus : Le H-34.

À gauche : Plus gros, plus puissant, le Sikorsky H-34 est une machine merveilleuse !

À droite : Les bons services d'un pirate… La chasse au cerf !

Ci-dessus : Un Dassault MD-315 utilisé pour la qualification de pilote de transport.

À gauche : « La grise », un Nord 2501 Noratlas. J'en ai 8 000 heures !

À droite : Un Noratlas en train d'effectuer un largage de parachutistes.

À gauche : Aux commandes d'un Noratlas au-dessus du Sahara. Cool !

À gauche :
Une formation de quatre Noratlas.
Je suis numéro 4, toujours derrière, à 1 mètre environ.

Ci-dessus : les équipages de la patrouille Guimauve.

Le C-160 Transall arrive au centre d'instruction des équipages de transport.

Ci-dessus : La relève aux commandes. Il sera pilote de chasse sur Mirage 2000, F-16, etc.

À gauche : À mes aides du contigent… Remise de la médaille du bon soldat.

Ci-dessous : Un C-160 Transall de l'escadron de transport 3/61 « Poitou ».

Ci-dessus et à gauche : Ensablage dans le désert libyen du Sarir…

Ci-dessous : Mise en place des plateaux répartiteurs.

À gauche : Le général de Lachenal, mouchoir sur la tête…

Meeting du Salon du Bourget – 1981
Le C-160 Transall et son équipage.

Bex Airshow !

Choix cornélien :
Concorde ou Transall ?

Toucher…

À gauche :
Un touch and go
un peu hors
norme…
Un peu près
du public !

Aéroclub Hispano Suiza
de Cergy-Pontoise.

Héli Inter Ile de France.

Un Écureuil AS-350.

Ci-dessus : Baptêmes de l'air sur C-160 Transall

PPL-H : le lâcher de Jean-Luc sur Bell-47.

Ci-dessus et à gauche : Pilotes paraplégiques de l'aéroclub des Mureaux.

Ci-dessous : Pilotes paraplégiques au Salon du Bourget, salués par le président de la République, Jacques Chirac, le bien-aimé !

Un vol découverte, pendant la crise sanitaire,
offert aux soignants de l'Ehpad de Cergy-Pontoise.

Ci-dessus : Aux commandes !

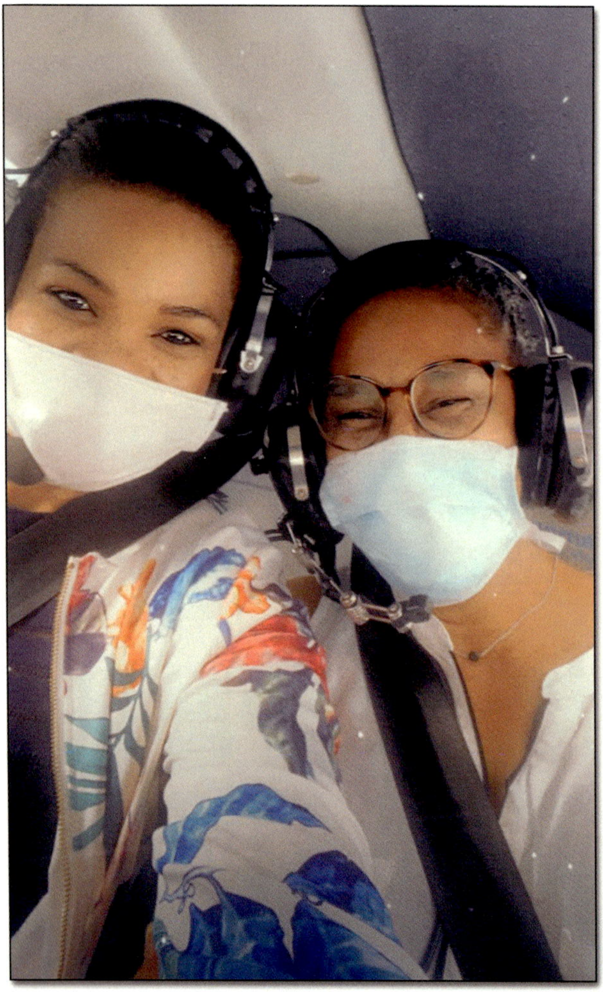

À gauche :
En vol !

À gauche :
Retour sur
le plancher
des vaches !

Ci-dessus :
Photo de groupe.

N'Djaména : Le GMT Orléans

Ainsi, le 28 mai 1974 à 5 heures du matin, le commandant Lebrun était sur le Tarmac de Francazal pour venir me saluer. Fait rare et remarquable de constater, avec affection, l'attitude bienveillante de son chef. Ce souvenir restera gravé dans ma mémoire Mon général. Il méritait bien cette promotion !

Le vol se fera sur le C-160 n°43.

Accueil plutôt frais du commandant d'escadron qui ne m'apprécie guère... Je le lui rends bien ! Nos jugements peuvent souffrir d'imprécisions, certes, mais jusqu'à en avoir la preuve il faut rester neutre. Au diable les girouettes, par contre il faut savoir reconnaître ses erreurs sinon la vie se chargera de nous les faire payer. C'est un modeste conseil.

Le 31 mai c'est déjà la première mission sur le Noratlas n° 53, du parachutage sur la zone de Farcha, avec comme copi le commandant d'escadron en question, le descendant qui sera remplacé dans la foulée par le commandant Abiven pour qui j'ai un profond respect. J'aurai plaisir à travailler un an sous ses ordres ! Le général de Gaulle aurait dit : « l'avis de ses supérieurs n'a que peu de valeur, ce qui compte c'est l'avis de ses subordonnés », certes si les deux se rejoignent c'est le jackpot !!!

Me voilà donc parti pour un an en séjour opérationnel et célibataire. C'est-à-dire jours et nuits entièrement consacrés aux missions et aux vols d'entraînement et d'évaluation de « mes » pilotes.

Cependant quelques moments de calme nous permettaient de pratiquer le tennis sur terre battue, la natation, le ski nautique sur le Chari et l'équitation, s'il vous plaît...

Personnellement il m'arrivait de faire quelques liaisons en Broussard, l'après-midi, pendant que les camarades faisaient la sieste. Je vous en reparlerai plus tard cher lecteur car c'était assez inattendu !

C'est ainsi que j'ai fait illégalement 960 heures de vol durant le séjour. Car au cours des premiers mois, l'officier de sécurité des vols, le lieutenant G. attrapant l'hépatite B était rapatrié sanitaire, l'état-major ne trouvant rien de mieux que de me confier ce poste. Et me voilà avec la double casquette, leader pilote soit chef de spécialité et officier de sécurité des vols !

La preuve...

Nous devions également convoyer nos Nord à Francazal, lorsqu'ils arrivaient en fin de potentiel, pour effectuer les visites périodiques. C'était la mission « délice » qui nous laissait le temps d'embrasser la famille. L'arrivée était la joie... trois jours après c'était la tristesse de repartir et de saluer, du haut de notre hublot, la couvée en pleurs !

C'est donc le 26 juin que je faisais ma première liaison :

N'Djaména-In Amenas (Zarzaitine)-Tunis-Toulouse, quinze heures de vol en moyenne, ligne LR 41,01. Le retour LR 41,02 fut un peu perturbé par un vent de sable terrible à In Amenas nous obligeant à faire une procédure un peu « kamikaze » ce qui n'était pas rare dans le transport aérien militaire...

Feuilletant toujours mes carnets de vol dans un ordre chronologique, le 7 juillet je faisais ma première liaison sur Bardaïa. J'en assurerai une vingtaine au cours du séjour et non des moindres. Rappelons le contexte.

Affaire Claustre

Le 21 avril 1974, les combattants du CCFAN (Conseil commandement forces armées du Nord) avec Hissen Habré et le Frolinat (Front de libération nationale du Tchad) avec Goukouni Weddeye, capturaient trois Européens dans la palmeraie de Bardaïa, un médecin allemand Christophe Steawen et deux Français, le coopérant Marc Combe et l'archéologue Françoise Claustre. C'est la découverte de la rébellion du Tibesti.

Les Allemands négocient rapidement et obtiennent, moyennant rançon, la libération de Staewen. Les négociations avec la France s'enlisent. J'oserai dire grâce au président de la République qui s'entête à vouloir faire pleurer la foule sur les malheurs de l'archéologue en projetant des films sur l'horreur de la détention de cette dernière... alors qu'il n'en est rien !!!

Annonçons d'ailleurs qu'elle a été libérée grâce à l'action du prophète Kadhafi (Libye) en relation avec la Présidence française... Suivez mon regard si vous pouvez !

Mais revenons à ma participation au sein du GMT. Mon opinion ne regarde que moi !

La situation du moment est la suivante. Le Tchad est gouverné par François Tombalbaye.

Il sera assassiné le 13 avril 1975 à N'Djaména. C'était le premier président de la République du Tchad. Exerçant avec autorité, ce qui ne plaît pas toujours, il sera contré par les membres du Frolinat qui fondent les Forces armées nationales du Tchad (FANT).

Hissen Habré, après de longues études rejoint le Frolinat en 1972 et organise une guerre d'insurrection, raison de notre présence : défendre le pouvoir en place... on a déjà donné un peu partout dans ce domaine !

C'est donc dans ce contexte que se situe notre action.

Décollage de N'Djaména de nuit à 5 heures environ, trois heures à trois heures trente de vol au niveau 80 ou 100. Atterrissage à Bardaïa (oasis au nord du Tchad à la frontière avec la Libye) chef-lieu du Tibesti. C'est en 1974 qu'Hissen Habré avait attaqué cette petite ville et pris des otages.

La piste où nous nous posons s'appelle Bardaïa Zougra à 10 kilomètres au nord de la ville.

Une des particularités du voyage consiste à embarquer à bord uniquement le consul L. et/ou le premier secrétaire de l'ambassade monsieur B. qui, d'ailleurs, aimait bien prendre les commandes du Nord, il avait un brevet de pilote privé.

Le jeu consistait pour eux, dès notre arrivée à Bardaïa, à enfourcher la Land Rover, filer sur la piste qui suivait l'oued pour rejoindre Zoui (située dans le Tibesti à 1053 m d'altitude) où se trouvait Hissen Habré. Le consul ou le secrétaire prenait ses exigences et revenait à Bardaïa, en Land Rover où nous attendions. Il n'y avait aucune infrastructure sur le terrain et il n'était pas rare de voir les canons des armes du Frolinat luire au soleil, braqués sur nous qui étions restés dans l'avion !

Aussi, dès que nos illustres passagers étaient de retour nous rentrions le plus vite possible !

Sitôt à N'Djaména, il s'agissait de prendre langue avec la Présidence à l'Élysée. L'ambassadeur faisait part des doléances d'Hissen Habré et attendait les directives de Paris qui devaient parvenir à Zoui au plus tard le lendemain !

Nous repartions alors pour une nouvelle liaison idoine.

Ce petit manège a duré plus d'un an avant que le chef des rebelles obtienne gain de cause... la livraison de matériels, y compris des Land Rover, figurez-vous !!!

Je pense me souvenir qu'avant la mise en place du pont aérien de douze Transall, il y eut des événements marquants. Le 11 juillet sur le Nord n°118, la liaison sur Bardaïa revêtait une particularité qui aura une grande signification quelques jours plus tard. Nous avions à bord le commandant Galopin. L'anecdote qui me fit connaître le commandant fut qu'il demanda à l'équipage d'aller survoler le Trou au Natron qui est la caldeira du Tarso Toussidé.

Un volcan bouclier du Tchad qui se situe à l'extrémité orientale du massif du Tibesti et culmine à 3 265 mètres au pic Toussidé. Son nom est dû au natron, minéral de carbonate de sodium décahydraté, roche évaporitique qui a la singulière propriété, en présence d'eau ou d'humidité, de développer à sa surface le minéral natron.

Le commandant devait avoir envie de revoir ces lieux à titre prémonitoire sans doute. En effet Pierre-Xavier Galopin a été assassiné à Zoui.

C'est un officier français mort pour la France au Tibesti où il avait été envoyé comme négociateur à la suite des enlèvements... Saint-Cyrien, officier des troupes de marine, ancien méhariste et membre du SDECE (Service de renseignement militaire extérieur français), il avait été détaché comme coopérant à la tête de la Garde nationale tchadienne, puis au sein des services de renseignement de l'ancienne colonie française. À ce titre il a été accusé par les rebelles tchadiens de brutalité et d'être responsable d'un raid mortel pour les proches de Goukouni Weddeye.

Envoyé comme émissaire auprès des rebelles, dans l'affaire des otages et de Françoise Claustre en particulier, il a été enlevé à son tour le 4 août 1974. En représailles du refus du Gouvernement français de livrer des armes en échange des captifs, il a été assassiné le 4 avril 1975 après avoir été torturé...

Ainsi je crois pouvoir affirmer que le commandant Galopin savait qu'il servirait d'appât et qu'il ne reverrait plus le Trou au Natron. La Présidence le savait aussi, comment ne pas l'imaginer ??? Ce militaire a été sacrifié au profit d'un banal laxisme aux relents féministes du moment.

C'est le lot du militaire d'être sacrifié, il signe en parfaite connaissance de cause.

Ce n'était pas mon cas pour la « guerre » d'Algérie, il fallait y passer de toute façon. Mais dans l'affaire qui nous occupe, ce fut une décision assassine et pour rien... La France a quand même livré du matériel aux rebelles... J'ai participé ou presque à cette mission, j'étais n°2 dans le dispositif prévu !

Nous sommes le 25 septembre 1974, il est deux heures du matin environ, je viens juste de m'endormir en raison de la chaleur car je ne supporte pas la climatisation, lorsqu'on frappe à ma porte. La première pensée me vient naturellement ; *tiens, visite de la convoyeuse !* Elle a sa chambre juste en face de la mienne, infirmière d'État, veut-elle prendre des nouvelles de ma santé ?

Hélas il n'en est rien... déception évidemment. J'entends à peine les mots du « commissionnaire » et les comprends encore moins, tellement leur signification est improbable... et pourtant je dois me rendre à l'évidence, le général m'attendrait en salle des opérations à trois plombes !!!

En tant que soldat je suis habitué aux situations exceptionnelles mais être attendu par un général, moi, simple et modeste capitaine, il ne peut s'agir que d'une affaire « Dreyfus ! »

Habillé en quatrième vitesse, je me cale dans la 4L achetée en commun avec le lieutenant Maurette, je file à vive allure, 40 km/h autant que faire se peut, et j'arrive aux opérations à moitié réveillé. Un seul œil ouvert l'autre refusant de coopérer à une heure aussi tardive.

Le général est là, je ne rêve pas. Visiblement il n'a pas envie de s'éterniser. « Bon, dit-il, je viens de recevoir un câble de la Présidence » (et après on dira que nos parlementaires ne font rien ou courent les petits rats de l'Opéra. Non ils sont insomniaques !).

« Mon cher Daroux, il faut partir tout de suite larguer un poste émetteur-récepteur à Hissen Habré avec un message écrit lesté. Le largage doit se faire sur la place du village de Zoui. Par contre je dois vous prévenir que les rebelles sont armés d'une mitrailleuse et pourraient vous tirer dessus. Décollage immédiat... des questions ? »...

Il y a des moments où les questions vous échappent, à savoir pourquoi ?

L'équipage est déjà constitué par le chef des opérations du GMT. Je cogite et croise le regard de Maurette qui attend les directives de son commandant de bord. J'attends !

On m'explique alors que le message destiné à Hissen Habré sera placé dans un bidon rempli de sable et de même grosseur que ceux qui servent à transporter le lait, en matière plastique jaune.

Quant au poste, genre VHF, portable aujourd'hui, il sera coincé dans le sable contenu dans le bidon mais nous ne le verrons pas. Ce poste devait servir à Hissen Habré pour communiquer directement avec les autorités françaises entre Zoui et Bardaïa. Ce qui évitera les allers et retours en Land Rover.

Nous décollons donc immédiatement ; il fait encore nuit pour un bon moment. Nous nous rappelons que plus on est près de l'équateur, plus le jour et la nuit tendent vers la même durée. Les deux moteurs ronronnent paisibles dans la fraîcheur du matin et des 3 500 mètres de notre niveau de vol. Je cogite encore... Pas un membre de l'équipage n'a posé de questions. D'ailleurs je n'ai toujours pas de plan en tête. Une seule chose est sûre, il nous faut surprendre et rester le moins longtemps possible en position de « gibier », je pense à la mitrailleuse et à l'extrême vulnérabilité de notre gros cargo poussif. Eurêka !!! Ça y est l'inspiration naissant de l'esprit de conservation.

Je quitte ma place de pilote et passe à l'arrière après avoir vérifié que le copi ne « s'en ronfle » pas une. En effet, le pilote automatique, trois petits leviers aussi imprécis l'un que l'autre ne permet pas de lui faire confiance. La preuve : un équipage particulièrement fatigué ayant décollé d'Alger à destination d'Istres s'est retrouvé verticale Barcelone après avoir perdu 7 000 pieds !

N'est-ce pas avec les mauvais outils qu'on fait les bons ouvriers ? Eh bien c'est parce qu'il y a de bons outils maintenant que les ouvriers sont... allez, soyons généreux, moins bons. La machine se substitue, fiabilité des moteurs et des instruments, il faut l'admettre !

Comme je l'explique au navigateur et également au mécanicien qui, cette fois, coiffe la casquette du chef largueur, j'envisage d'arriver sur Zoui en venant du plein nord, comme si nous arrivions de Libye. Les rebelles penseront en un premier temps qu'il s'agit de leur pote Kadhafi !

Je leur montre sur la carte l'itinéraire que je souhaite suivre par correction et camaraderie, car j'ai l'habitude de la lecture de carte, sur hélicoptère j'étais seul, donc pas de viseur d'étoiles ou de voie lactée...

Nous arriverons à très basse hauteur évidemment et à très grande vitesse Mach 0,3, enfin si les ailes résistent. Arrivé à l'entrée du village, je réduirai les gaz à fond et nous larguerons le bidon quand je mettrai le « vert ». (Pour les parachutistes, le rouge signalait qu'il était interdit de sauter, et le vert *Go*, sautez donc !)

Le graisseux, mot amical et affectueux, doit expédier le bidon quand il verra le vert.

Le briefing terminé, je grimpe dans le cockpit en place gauche pour ce coup. J'ai pris soin de faire arrimer correctement l'homme à la clef à molette pour éviter qu'il parte avec le bidon, Maurette surveillera de la porte équipage.

Et nous voilà prêts à balancer le pot au lait de Perrette en espérant qu'il tombe sur la tête d'Hissen. Je le pensais sans vraie raison, après tout un guerrier parmi d'autres qui défend ses idées. Avec le recul c'est un peu différent. Son procès le 31 mai 2016 à Dakar démontre bien que, s'il avait été mort lors du largage, il aurait fait beaucoup moins de victimes...

C'est le jour naissant... Voilà Zoui endormi, la place doit être au milieu du village. Toutes ces actions sont matinales, ô certes, ce n'est pas le largage sur Hiroshima ou Nagasaki et notre Nord 2501 ne s'appelle pas *Enola Gay* mais quand même, nous voici avec une nouvelle casquette. *Go !* Le pot au lait est parti... aucune réaction de la part des troupes au sol encore endormies. Chance ! Nous dégageons en vitesse, nous respirons mieux.

Mission accomplie Mon général !

C'est le retour à N'Djaména à environ 4 000 mètres, dans une ambiance apaisée. Après un bon atterrissage, nous roulons encore somnolents vers le Tarmac.

Nous apercevons un petit groupe relativement agité qui semble nous attendre. Non... ce n'est pas vrai ! Il y a aussi le général en tenue, il a troqué son pyjama. Nous arrêtons nos moteurs, je suis un peu inquiet.

Le général est déjà à la porte du cargo et déclame : « Bravo, le bidon est tombé pile au centre de la place du village, Hissen Habré a déjà pris contact et nous allons pouvoir faire le relais avec la Présidence ».

Hélas, les négociations menées sous la dictée du président Valéry s'enlisent et l'affaire devient nationale à l'annonce de l'assassinat du commandant Galopin. Il semblerait alors que le colonel Kadhafi soit sollicité et ce n'est qu'après une très longue détention que le couple Claustre sera enfin libéré. Curieusement nous n'entendrons jamais plus parler d'eux. Et pour cause, ils ont coûté beaucoup plus cher à la France que le montant initial de la rançon demandée ! Les médias ont encore une fois imposé une prise de décision à contre-courant et ce, sans aucune connaissance réelle des situations !!!

Heureusement il y avait des missions nécessitant moins d'investissement. Par exemple le « Légumier » à Ngaoundéré, ville du Cameroun, chef-lieu de la région de l'Adamaoua. Le colonel commandant la base de N'Djaména avait à cœur que le mess soit bien approvisionné. Ainsi nous allons une fois par semaine faire un chargement sur C-160 dans les jardins du Cameroun. Il faut préciser que, sauf sur les berges du Chari, les légumes étaient rares à N'Djaména.

Nous effectuons ce type de mission pour la première fois le 19 septembre 1974 avec le C-160 n°43 et le colonel est en place pilote. N'ayant pas la qualification sur la machine, je me souviens lui avoir cassé le moral avec les courbes de performances durant tout le voyage... il ne m'en tiendra pas rigueur !

Par contre la qualité de la marchandise n'était pas au goût du colonel... Il avait entendu dire qu'une énorme ferme allait voir le jour à Bol, 11e ville du Tchad par le nombre d'habitants. C'est le chef-lieu de la région du lac Tchad et du département du Mamdi qui projetait de faire une culture intensive dans les polders de la région de Bol Link.

Évidemment il n'envisage pas autre chose que d'être client, toujours pour le mess.

Il me demande de prévoir une ligne aérienne car il existe effectivement une petite piste en latérite... mais elle est trop courte pour le C-160 et le Noratlas. Je vais donc demander un DC-3 à la tchadienne (escadrille de Dakota de l'armée locale). Peine perdue, c'est refusé par les Tchadiens. Croyez-vous que l'affaire soit oubliée ? Ce serait méconnaître l'opiniâtreté d'un officier supérieur et en particulier celle du colonel Chapuis.

— Mais j'y pense, le GMT possède deux Broussard pour entraîner les pilotes d'hélicoptère !

Chef pilote, demain nous allons à Bol en Broussard étudier la chose pour en définir la fiabilité.

— À vos ordres, Mon colonel.

Ce fut vite vu, le Broussard comme son nom l'indique doit pouvoir se poser en brousse !

Ainsi le 26 novembre sur le MH n°240, le colonel aux commandes, c'est le départ pour Bol.

Nous sommes reçus par l'ingénieur agronome mis en place par le service coopérant de la France.

Ce dernier nous explique que d'énormes capitaux internationaux sont à sa disposition pour mettre en œuvre une ferme géante. Nous sommes surpris par la quantité phénoménale de matériel déjà en place : Caterpillar, charrues, tracteurs, etc. certains encore emballés, rutilants. L'ingénieur nous explique que dans l'immédiat ça ne sert à rien... il n'a aucune semence !!!

C'est à la réflexion immédiate qui fuse de la bouche du colonel que l'on devine la rapidité intellectuelle d'un militaire :

— Daroux c'est quand votre prochaine liaison sur Toulouse ?

— La semaine prochaine, Mon colonel !

La question est alors posée à l'ingénieur. « Si on vous fournit les semences, pouvez-vous nous satisfaire rapidement en produits frais ? »

Je mesure la surprise de l'agronome à son regard presque apeuré. Visiblement il s'attendait à tout, sauf à ça !

— Dix à quinze jours, vingt peut-être. Mais en France il faut une saison !

— C'est là que la magie des polders fait son œuvre, est heureux de nous rétorquer le cultivateur instruit. Les alluvions n'ont jamais été exploitées, avec l'eau et le soleil ça pousse à « bisto de naz » comme on dit dans le Sud-Ouest.

— Banco ! s'exclame le chef du « régiment »

— Une question me taraude Mon colonel. Comment va-t-on ramener les légumes à N'Djaména ?

— Mais par camion, mon jeune capitaine !

Voilà le retour « suffisant » du supérieur hiérarchique à qui les galons permettent de croire, voire d'être persuadé, de ne jamais dire d'âneries ! (Même le général de Gaulle a parlé de quarteron sans que ça corresponde vraiment à quatre généraux, mais à 25 ou à 25 %).

« Nenni ma foi, s'étouffe l'agriculteur. Impossible, la route est tellement mauvaise que même avec des suspensions Citroën, les légumes arriveraient tassés au point de ne plus être comestibles ! »

La logique de ce « terrien » réaliste me comble... car j'avais eu la même analyse !

« Ah ! » correspond à la mine déconfite du haut gradé. Nous prenons congé en promettant de donner suite.

C'est à ce moment-là que la supériorité hiérarchique prend le dessus, rassurez-vous cher lecteur, je l'aurais parié ! Un Gaulois ne s'avoue jamais vaincu, mais s'il est le plus gradé, inutile de vouloir le faire changer d'avis. Je m'y attendais. Le colonel m'éclabousse de questions, certes pertinentes mais qui m'inquiètent :

— Chef pilote, pas de Dakota, pas de Nord ni de C-160 mais il reste les Broussard... au fait, quelle charge offerte le MH 1521, Oh, 500 à 600 kg ?

— S'il ne fait pas trop chaud et en enlevant tous les sièges...

Je vois dans cette réponse un côté plutôt dissuasif, je t'en fous !!!

Et allez donc, ça se dévoile... ce n'est pas la peine d'avoir cinq barrettes pour échafauder le plan qui va suivre, avec trois j'y avais pensé mais de là à le proposer et en faire une règle d'or... *Je crois que vous ne supportez pas la sieste à cause de la chaleur, Chef ! Bon eh bien, envisagez de vous distraire à faire le « légumier » en allant à Bol en Broussard, chaque fois que ce sera nécessaire.*

Ainsi donc, le 4 décembre avec le colonel, sur le MH 1521, nous retournons à Bol, porter à l'agronome les semences achetées en France, lors d'un aller à Toulouse, par le navigateur Maurette.

Début janvier 1975 je commence les liaisons ravitaillement N'Djaména-Bol à raison de deux ou trois par semaine jusqu'à mon retour en métropole, fin juin.

De plus nous empruntons le C-160 des équipages d'Orléans qui sont en détachement à N'Djaména.

Enfin mon job de chef pilote est d'assurer la formation en opération de jeunes chefs de bord tels que Jean-Michel Plasse, les adjudants PIN, Padie, etc. sur Noratlas et maintenant la régulière : légumier sur Bol... c'est le moment de dire : « J'ai ou je n'ai pas de bol !!! »

De plus je faisais, en tant qu'ancien pilote d'hélicoptère, quelques missions sur Alouette II, ça ne devait pas suffire car j'instruisais aussi sur avion léger en aéroclub !

On aime ou on n'aime pas, me direz-vous !

Le 2 mai 1975, la compagnie aérienne Air Tchad est en grève. Les lignes se font sur Dakota et ce jour-là, l'ingénieur agronome et son épouse venus se ravitailler à N'Djaména se trouvent coincés, avec une glacière pleine de victuailles... Inutile de vous faire un dessin, ils sont catastrophés. Ils implorent Allah qui s'en fout royalement.

C'est donc la seule fois de ma vie que je me substitue au prophète, qu'il me pardonne !

En effet, ému par la détresse du couple, je leur propose une solution, vraiment de fortune.

J'assurerai la ligne N'Djaména-Bol en Jodel D220 dit Dauphin FBPOK aller-retour 2 heures 05.

Ces Jodel 220 appartenaient à la section vol moteur du GMT, encore une idée du colonel Chapuis. Le problème est la charge, trois adultes, plus les bagages et la glacière. Inutile de vous dire que je ne ferai pas la fiche de pesée... à la grâce de Dieu !!! Notez que je fais confiance à la divinité quel que soit son territoire d'influence. Nous chargeons la glacière et les bagages en place copilote, le couple bien arrimé et serré à l'arrière... ça rapproche !

Un coup d'œil sur les amortisseurs, ah !... horreur ! Une dernière question :

— Vous êtes toujours d'accord, nous avons une chance sur deux de réussir ?

— Oui ! (d'un commun accord).

La piste est longue, nous attendrons un peu de fraîcheur... et *Go !* Dans l'immédiat je ne risque pas grand-chose, ou l'avion décolle ou il reste plaqué au sol. Ensuite un peu de rase-mottes sur la piste pour voir le comportement de la machine, soit *Stop or Go* définitif !

Point fixe sévère, pas de volets hypersustentateurs bien sûr, un dernier bisou à saint Christophe… et c'est le lâcher des freins.

Le Dauphin roule, prend de la vitesse, il décolle. Je réduis un peu les gaz pour voir s'il tiendra la croisière et nous prenons de l'altitude, 500 ft… vario + 200 ft mn ce qui va faire 700 ft, moteur réduit à la puissance croisière. Adieu la Tower de NJA… pas de « à tout à l'heure » car je suis superstitieux ! Le voyage durera 1 heure 15 à l'aller, pendant laquelle je n'ai jamais aussi bien musclé mon arrière-train et 50 mn au retour tout près des anges ! Une folie certes mais une expérience et un service rendu.

Le Destin encore mais également la connaissance du métier et de ses compétences du moment à ne jamais dépasser… Allah fait le reste, Dieu bien sûr mais ce n'est qu'une histoire d'agencement de lettres selon son propre goût ou sa croyance.

Pour agrémenter l'ordinaire, je faisais sur Broussard des évasans lointaines s'il y avait un terrain même sommaire.

Le 16 février 1975, je suis seul ; médecins et convoyeuses sont en mission sur Alouette II. Il faut chercher un enfant malade à Sarh, ville située dans le sud du pays, sur le fleuve Chari, à proximité de la frontière avec la République centrafricaine. C'est la troisième ville du Tchad, capitale administrative, Moundou étant la capitale économique. Trois heures de vol à l'aller, trois heures au retour, plus dégagement éventuel.

Pas d'hésitation ! Prévoir un filet ; des liens pour immobiliser le patient sur la civière, une trousse de secours. Je décolle seul à bord sur le MH 1521 n°40 en pleine chaleur PM (post-meridian). Retour après avoir installé l'enfant sur la civière à côté de moi. Il souffrait, avait peur et voulait descendre. Au total, six heures de vol au-dessus de la brousse, sans pilote automatique ni GPS, rien que la carte et le compas. Mais l'enfant est sauvé in extremis à l'hôpital militaire de N'Djaména. La Foi… Le Destin !!!

Le 7 mai arriva ce qui me pendait au nez. J'en suis le seul responsable.

Chef pilote je faisais 960 heures de vol dans l'année, alors que responsable sécurité j'aurais dû me limiter à 750 grand maximum… à condition de faire la sieste ce qui ne fut jamais le cas. Donc, le 6 mai je m'apprête à décoller sur Alouette II en vol de nuit. Heureusement je ne suis pas seul !

Le Destin encore une fois ! Je lance la turbine... le rotor embrayé commence à tourner. Stupeur... ma tête tourne aussi vite que lui. Je suis à deux doigts de tomber dans « les mangues », ce n'est pas la saison des pommes au Tchad ! Immédiatement le coéquipier coupe la turbine et donne l'alerte par radio. Peu de temps après, les pompiers, les infirmiers, tout ce personnel d'exception pétri de dévouement est à mon chevet. Situation inhabituelle pour moi... je défaille de honte, un soldat !

Arrivé en trombe à l'infirmerie le médecin est déjà là. Je le distingue à peine, je ne veux rien voir, l'horizon s'obscurcit, c'est machinalement que je prête mon bras pour la prise de tension artérielle. Je me conditionne pour ne pas rater mon contact avec Allah. Je suis encore chez lui, il faut savoir s'adapter !

Les images défilent dans ma tête, la famille, ma jeunesse, les Folies Bergères, la tour Eiffel, ma première copine, etc. Je sais maintenant comment ça se passera, c'est le film de ma vie, je ne souffre pas, alors à la grâce de Dieu !... C'est dans cet état semi-comateux que mes chères oreilles, pourtant très fatiguées, me permettent d'entendre, plutôt d'esgourder (en occitan : *escota*, écouter) le toubib : « Ce n'est pas grave, c'est une chute de tension 9/6, il faut qu'il se repose ! »

Croyez-le, si j'avais eu la force je lui aurais sauté au cou !

Il fallait attendre que la tension remonte, ce ne fut pas long. Le lendemain j'étais à nouveau dans les normes et les autorités compatissantes décidèrent de me faire prendre le 9 mai, le Transall qui remontait à Toulouse pour passer une semaine de repos en famille.

Le commandant de bord de ce fameux C-160 n'était autre que le capitaine Cyssau qui avait assuré ma formation sur ce type de machine. Connaissant mon ardeur pour l'instruction en vol et croyant me faire plaisir, il n'a rien trouvé de mieux que de me confier la gestion des deux pilotes en formation. Dix heures au « charbon » quand même ! Ce fut très dur mais il n'était pas question que je rende la main ! J'ai tenu le coup mais à quel prix !

Le lendemain de mon arrivée, mon épouse découvrait que j'avais le ténia (ver solitaire) qui était à l'origine de mes troubles passagers. Phénomène fréquent car nous consommions beaucoup de viande au mess.

La tension étant normale, pas de problème glycémique, c'est en pleine forme que je regagnais le GMT pour terminer mon séjour de vacances aéronautiques.

Flash-back !!!

J'étais épisodiquement instructeur à l'aéroclub de N'Djaména. C'est ainsi que je pouvais le 15 et le 29 août 1974, sur le Piper 180 TTCAL, promener ma femme et mes deux enfants Cécile et Jean-Luc qui avaient obtenu l'autorisation de venir passer quelques jours au Tchad, grâce à l'aide du lieutenant-colonel Seurin qui avait fait toutes les démarches. Merci !

Nous avions survolé la réserve d'animaux de Waza située au Cameroun, de l'autre côté du Chari.

Le colonel Chapuis dont l'épouse voulait apprendre le pilotage, est au courant de notre aventure. Toujours prêt à faire avancer les choses il me convoque et me soumet une drôle de proposition : « Que penseriez-vous si nous montions une école de pilotage vol moteur, dans le même cadre que le club nautique ou hippique ? »

Ah... Je crois rêver !

En fait, le père du régiment a déjà pris langue avec la métropole pour savoir s'il pouvait acquérir des avions d'aéro-club... et il les avait déjà trouvés.

« J'ai demandé à Darcheville le patron des avions P-47, chasseurs d'attaque au sol, de vous seconder ». Tu parles, ça me fait une belle cuisse !

— Comment vont venir de France ces bijoux Mon colonel ?

— Très simple, vous remontez en Nord 2501 ; d'après les plannings deux Jodel D220 vous seront livrés prochainement, et vous les ramènerez à N'Djaména.

Les bras m'en tombent, aux 960 heures de vol militaire il va falloir ajouter des heures d'aéroclub !

Aussitôt dit, aussitôt fait ou presque.

Le 7 novembre 1974, nous repartions de Toulouse avec le Nord n° 198 révisé... et trois Jodel D220 démontés, dans le cargo. Stupéfiant ! Parce qu'aucun manifeste déclaratif du chargement n'avait été établi ! Ce qui devait arriver arriva, pris par la douane à Istres, j'ai passé la moitié de la nuit à essayer de trouver une solution. Le colonel Chapuis contacté a dû également pédaler une bonne partie de la nuit. Heureusement avec succès car la douane nous lâchait la grappe et nous pouvions repartir le lendemain matin pour N'Djaména.

Nouveau problème à l'arrivée au Tchad. La douane locale ne veut pas laisser décharger les Jodel car ils ne sont pas immatriculés tchadiens.

Alors, ras la casquette mon colonel nous allons nous coucher. Le père du régiment avait ses avions, heureux, satisfait plus exactement, il se contenta de sourire et se débrouilla. Bref !

Le 25 novembre, sur le Jodel D220, c'était le premier vol de Colette l'épouse du colonel et de son amie madame Pessonnel épouse du commandant en second de la base aérienne.

Quelques mécaniciens du GMT se joignirent à ce binôme féminin ce qui me permit de faire une soixantaine d'heures supplémentaires à ajouter aux 960 heures militaires.

Pour conjurer définitivement le sort, je faisais mon dernier vol sur Alouette II n° 2165, le 9 juin avec le pilote Laloix pour une liaison de reconnaissance du secteur : N'Djaména-Bol-N'Djaména. Le dernier sur le Broussard n° 240 fut un vol de contrôle mécanique. Le 10, j'avais lâché mon remplaçant le capitaine Francis Lenne sur la même ligne.

Ski nautique, équitation, tennis, ajoutés aux heures de vol, voilà une année particulièrement bien remplie et inoubliable malgré l'éloignement familial. Une page est tournée.

Le 13 juin je rentrai en métropole sur le C-160 n°12 après douze heures dix de vol avec le train d'atterrissage sorti car il était en panne.

Merci pour ces vacances houleuses mais pleines d'expériences passionnantes !

Je décline pour des raisons familiales, le poste de chef des opérations à Djibouti qui m'est alors proposé, trop fatigué par la chaleur !

Je repique au poste de chef de spécialité sur C-160, cette fois au 3/61 Poitou à Orléans-Bricy.

Le mois de juillet 1975 a été consacré à la famille toujours à Cugnaux près de la base de Francazal ; retrouver une vie calme quelque temps, pas toujours simple à gérer... trouver un logement à Orléans et déménager.

Les sédentaires ne connaissent pas les difficultés matérielles et surtout psychologiques traumatisantes pour les enfants privés de leur père pendant de longs mois. Ni les déménagements hyper-déstabilisants… Bref, ça forme la jeunesse mais ça déforme les valises !!!

Orléans-Bricy : Le Poitou

1er août 1975 je rejoins donc l'escadron de transport 3/61 Poitou, sur la base aérienne d'Orléans-Bricy comme chef de spécialité, mais dans un autre environnement et cela me convient parfaitement !

Je connais très bien les lieux pour avoir passé quelques années au Franche-Comté équipé alors de Nord 2501. C'est le Transall qui a pris la relève.

C'est un poste où je pourrai voler comme bon me semble, je n'ai nulle autre ambition.

Voler est devenu une drogue-passion pour moi.

Le 4 août, après toutes les formalités d'usage accomplies c'est mon premier vol en entraînement sur le C-160 n°63 avec le lieutenant Crozet, devenu général, et le sergent Lorieroux devenu pilote de ligne après avoir quitté l'armée... et qui malheureusement mourra accidentellement.

Le Poitou a pour devise : « Le Poitou... à l'aise partout ! »

Je veux bien, cependant je crois pouvoir affirmer qu'un pilote qui serait à l'aise dans toutes les situations de vol, quelles que soient ses qualités, serait inconscient donc dangereux.

Je n'en ai jamais côtoyé et surtout pas chez les militaires.

Le Poitou ce sera cinquante-trois pilotes à gérer, commandants de bord, chefs de bord, premiers pilotes, seconds pilotes et troisièmes pilotes... du jamais vu !!! Contrôle de compétences de VSV (vol sans visibilité) blanche ou verte, contrôle en ligne, formation aux vols tactiques, parachutages, entraînement des pilotes non confirmés pour les présenter au CIET, au SQT (stage de qualification transport). Sans oublier la préparation aux qualifications de leader de section (chef de section de deux à quatre avions) et leader de peloton (chef de peloton de plus de quatre avions) Ouf !!!

Mais ce n'est pas tout. Il convient de s'entraîner régulièrement pour présenter le C-160 lors des meetings aériens. La logique veut que le chef pilote assure la plus grande partie de ces missions à grand spectacle. Je consacrerai quelques pages à ces vols exceptionnels, plus tard.

C'est le 12 septembre 1975 que je ferai mes premières armes en la matière sur le C-160 n°5 avec le sergent-chef Frappas comme copilote. Ce n'est qu'en 1983 que tous les pilotes de l'Armée de l'air seront officier dès le recrutement, soit officier de carrière (Salon-de-Provence) soit officier sous contrat ou officier de réserve en situation d'activité.

Le 10 octobre 1975, avec mon commandant d'escadron nous ferons une démonstration de parachutage de matériel lourd devant la tribune officielle dans laquelle se trouvait le président de la République. Ce n'était pas le moment d'avoir un incident ni de manquer la DZ (*dropping zone*) !

Octobre 1975, il y a pourtant peu de temps que j'ai quitté le GMT 0059 de N'Djaména et me voilà déjà embrigadé pour satisfaire les exigences d'Hissen Habré planqué à Zoui pour l'affaire Claustre.

L'Élysée vexé par l'attitude de ce rebelle décide d'évacuer le Tchad. Ainsi notre escadron va disparaître. Décision épidermique qui fera des victimes. En particulier l'épouse du navigateur surnommé « Petit vélo » parce qu'il pédalait continuellement et ne savait pas faire roue libre.

Admise pour déshydratation à l'hôpital militaire... que nous évacuons sur un coup de sifflet de l'Élysée, elle mourra faute de perfusion, les Français ayant tout emporté !!!

Un enfant sera décapité en ouvrant une bouteille de gaz comprimé et la troisième victime décédera pour ne pas avoir été transportée à Douala où les moyens médicaux auraient permis de la sauver, l'escadrille locale ayant refusé d'honorer cette évasan avec son DC-3...

Tristes événements !!!

Il se trouve que je reste seul avec le Transall derrière le flot qui a tout emporté... sauf les deux Jodel de la section vol moteur militaire. Ils sont là, ailes démontées avec les petits Tchadiens qui s'en donnent à cœur joie de sauter sur les ailes, c'est amusant, ça fait trampolino sur la toile très tendue. Mais ça me fait mal !... après tout, c'est mon équipage qui les a descendus en Noratlas. Je ne peux pas les laisser détruire.

Le colonel Chapuis est encore présent à son poste à l'instar du pacha le capitaine Smith patron du *Titanic*, qui coule avec son bateau.

Après avoir consulté l'équipage qui est d'accord, je propose au patron des lieux pour peu de temps encore, d'embarquer les deux petits avions. Nous serons en surcharge car déjà plein full bien sûr.

Il accepte, nous n'aurons pas de panne moteur et le voyage se passera parfaitement.

Pour la petite histoire, ces deux Jodel, après avoir stagné quelque temps dans un hangar à Orléans, rejoindront Étampes où ils seront un peu à l'origine du départ de la section vol moteur de l'Armée de l'air, j'ai nommé le Gamma.

Comme quoi « un bienfait n'est jamais perdu » et l'équipage du C-160 n°154 est heureux d'avoir su prendre ce mini-risque de surcharge, après tout ce n'était pas la première fois.

Merci Tyne et ta fiabilité !

Nouvel aperçu de la diversité des missions, le 19 décembre 1975, sur le C-160 n°44 avec le lieutenant Roux ; il s'agit d'atterrissages sur un terrain sommairement balisé de quatre ou cinq gouzenecks

Je m'abstiendrai de faire une énumération systématique des missions qui défilent à un régime très soutenu.

Par contre, en juin 1976 sur le C-160 n°44, il s'agit d'une mission au profit de la Marine qui m'amènera à Agadir-Dakar-Abidjan-Libreville et retour. Bien sûr ce Dakar, qui n'est pas le premier d'ailleurs, me permet une fois bien stabilisé en croisière au FL 240, de penser à la Postale.

En fait, il n'est presque jamais rappelé que l'aventure de la poste, par avion, commence le 18 février 1911, durant une exposition d'industrie et de transport en Inde, lorsque le Français Henri Pequet transporta d'Allahabad à Naini Junction, 15 kg de courrier soit 6 500 lettres et 40 cartes postales.

L'aventure commence même en 1870 avec les ballons, Paris assiégé achemine ainsi différents courriers. L'histoire de l'Aéropostale est étroitement liée à celle de l'aviation, ses pionniers : Mermoz, Saint-Éxupery, Guillaumet, Nogues... font aujourd'hui figure de héros. Mermoz traversa seul l'Atlantique Sud en 1930 réalisant ainsi la première liaison postale transatlantique.

Le 16 janvier 1933, il reliera Dakar à Natal et il disparaîtra en mer le 7 décembre 1936 lors d'une ultime traversée. Cet aviateur de légende a le temps d'occuper mon esprit alors que nous suivons, à peu de chose près, l'itinéraire qu'il empruntait ainsi que ses coéquipiers lors des Toulouse-Dakar.

Autant le vol me passionne, autant j'apprécie moins les longues croisières. Certes, il convient d'afficher une vigilance de tous les instants, de prévoir et d'anticiper le pire mais avec l'habitude il y a beaucoup trop de temps morts.

Par contre, aux escales, on peut acquérir d'autres connaissances et de nouvelles expériences.

Dakar, à mon goût, vit un peu à l'européenne mais nous avons découvert la pêche à la « palendroque ». Ne cherchez pas ce mot dans le dictionnaire, c'est un mot local qui explique qu'elle se fait seulement avec le fil et l'hameçon... et un peu de doigté quand le poisson titille. Ainsi, en arrivant, je pense à la partie de pêche que je ne manquerai pas d'aller faire sur l'île de Gorée située dans la baie de Dakar.

Le 5 octobre c'est un petit Berlin, le 24 une petite visite à N'Djaména pour voir que la relève assure bien la continuité du service. Au retour nous sommes contraints de dérouter sur Clermont-Ferrand à cause de mauvaise météo à Orléans.

La Libye

Objectif : présenter et vendre des Transall au colonel Kadhafi... Rien que ça !!!

Les Américains ayant décidé l'embargo sur les C-130 commandés par les Libyens.

Nous n'avions reçu aucune consigne nous permettant d'évaluer le projet. Seul l'Élysée devait avoir son idée.

Donc le 20 septembre, départ d'Orléans direction Tripoli sur le C-160 n°43 avec un équipage « musclé » il va sans dire ! Voyage sans souci, mais à peine posés à Tripoli International, le temps d'ouvrir la porte d'équipage, des soldats libyens, mitraillette au poing, font irruption dans le poste de pilotage. Nous avons droit à une visite soignée avec fouille des coins et recoins pour vérifier que nous n'avions ni appareil photographique, ni autres « ingrédients » 2e Bureau... Ils n'ont rien trouvé car trop bien planqués.

Après cette fouille minutieuse, toujours armes dans le dos, nous décollons pour Tripoli-Okba la base militaire, et je comprends mieux cette réception un peu spartiate... bien que nous soyons déjà préparés au combat !

Si mes souvenirs sont exacts, c'était la dernière semaine du ramadan autant dire que les dames étaient invisibles, tant pis, toujours l'esprit gaulois même dans les situations délicates... ça aide !

Par contre, en ville il n'y avait que de belles voitures américaines, même sur les trottoirs quand ils existaient, mais totalement immobiles. Avec le recul et l'action de saint Nicolas, je m'autorise à croire que le prophète Kadhafi avait une grande autorité mais pas sur ses administrés fortunés, en particulier le samedi soir... Bref !

Le lendemain, après une nuit royale et les briefings avalés, le commandant B. au corps à corps avec l'état-major libyen, nous commençons notre « travail » avec cœur, presque avec amour, car nous y croyons à notre objectif commercial. Vive la France qui avance et qui exporte !!!

Une première épreuve nous attend : démontrer la « virtuosité » si je puis dire, de la machine qui inquiète les spécialistes libyens « curieux comme des pots de chambre » et pour cause ! Le colonel ne badine pas. Ils ne comprennent pas l'inscription lue sur un panneau de l'avion : METHANOL et WATER (CH3OH et H2O) pour se rappeler que l'un brûlera et l'autre refroidira le moteur. Ils ne comprennent pas que le réacteur fonctionne à l'eau et demandent à voir pour l'admettre. Il faut savoir que la puissance du moteur dépend de la masse de carburant brûlé ! Or s'il fait chaud la masse diminue, la puissance aussi. Il suffit donc d'injecter de l'eau qui refroidit la combustion et permet de rétablir la puissance au décollage par forte température, le méthanol aidant à la combustion. Allez expliquer ce mécanisme, sans doute assez complexe, en javanais (anglais technique), même William Shakespeare s'en serait gratté le cuir chevelu !

La suite des manœuvres est une présentation de type A, tournée dans un mouchoir de poche avec passage réel de l'hélice en drapeau, c'est-à-dire moteur arrêté, hélice stoppée et atterrissage le plus court possible dès le toucher. Un coup d'œil furtif à mon pilote libyen qui a pris place à droite, difficile de dire s'il a blêmi, il a un fond de teint naturel, il sourit ! Gagné !!!

L'après-midi j'aurai l'extrême honneur de faire une séance de prise en main de la machine par le chef d'état-major de l'Armée de l'air libyenne. Tout ça avec le chef mécano du Poitou aux manettes de la chaufferie Tyne, le major Jallus.

Un seul souvenir, nos convives n'étaient pas bavards mais d'une grande curiosité et particulièrement attentifs.

L'exercice suivant, le lendemain matin, consistait à décoller vers 9 heures locales, le C-160 à sa masse maximale opérationnelle soit un peu plus de 49 tonnes (49,150 je pense). À 8 h 59 nous étions « fin ready », au fil à plomb mains propres. Hélas nos Libyens ayant sans doute le réveil difficile (lors du ramadan on se restaure la nuit) n'arrivent qu'à 11 h 30… La température ne cesse de croître, Allah est avec eux évidemment, il ne pleut pas ! Il fait déjà 20 °C de plus que la température prise pour exploiter les courbes de performances... l'horreur !!! Conséquence, plus de 2 tonnes de surcharge... Le problème posé car ils le savent, c'est de prouver qu'à la vitesse V1 définie par les courbes, nous décollerons quand même après avoir coupé le moteur, en principe le critique. Cette perspective n'a pas l'air d'amuser du tout mon pilote libyen que j'ai d'ailleurs installé en place gauche c'est-à-dire en fonction. Il est habitué aux quadri-turbopropulseurs du C-130 Hercules.

J'hésite, bien sûr, pris par le piège bien connu des pilotes, mais connaissant très bien les possibilités de cette merveilleuse machine qu'est le Transall, je demande au major et à Montagne, le navigateur s'ils sont d'accord pour tenter l'aventure. Réponse positive et enjouée empreinte d'une confiance qui me va droit au cœur. Les Libyens n'ont encore pas tout ingéré, j'expliquerai plus tard si Dieu nous prête vie !

Passons sur les détails de mise en œuvre et allons droit au but. Puissance OK, lâcher des freins, la vitesse croît bien avec les deux Tyne ! V1 supérieure à Vmcg (vitesse minimum de contrôle air).

« Drapeau à gauche Major » ! C'est le côté des tribunes où sont installés les autorités libyennes et sans doute le commandant B. « VR » vitesse de rotation que je hurle au pilote libyen à qui j'ai eu l'audace de laisser les commandes, mais prêt à les reprendre car je pilote par transparence dit-on. Les roues ne touchent plus la piste... mais que le variomètre est petit, petit...

Les 87 décanewtons sur le palonnier de droite sont bien nécessaires, j'appuie au point d'avoir une crampe au mollet. Je ne vous parlerai pas de la partie charnue et arrière des acteurs et de la mienne en particulier. Alors là !!! Il s'est produit un miracle, notre n°43 décolle, malgré les 2 tonnes de surcharge, plus court que le C-130 à vide qui est parti devant nous, parole de protestant que je suis ; nous l'apprendrons après notre atterrissage alors que nous épongeons nos fronts. Je croise le regard complice et presque amusé du major Jallus qui semble dire « Vous êtes le meilleur Mon capitaine ! » Je traduis par *tu es trop téméraire Jean-Louis*. Bref, je peux le dire maintenant peut-être, avec 43 000 heures de vol et 36 carnets dont 7 militaires, octante anniversaires dans le rétroviseur que je dois connaître mes limites. Pour l'avenir, car je vole encore en tant qu'instructeur pilote privé... *Inch'Allah*, à la volonté de Dieu !!!

Maintenant que nous avons gagné la revanche il va falloir faire la belle ! C'est-à-dire, le lendemain, nous poser au beau milieu du désert libyen, avec pour seul indice les coordonnées géographiques :

26°38 N et 22°10 W, à 2 heures 30 de Tripoli-Okba.

L'Aventure ! Mon pilote libyen, en fonction, m'explique qu'il faut se présenter à la verticale d'un poste situé à deux heures de vol, plein sud, que le capitaine Montagne trouvera avec facilité (pas de GPS en 1976).

De ce point me dit-il, nous devrons suivre en « radada » une piste balisée avec des fûts remplis de sable espacés de 3 km et ceci durant une demi-heure environ, soit 150 Nm (300 km environ).

Au bout du chemin nous devrions apercevoir des ronds de verdure, dans la région du Sarir.

Mais pas de piste d'atterrissage, Ah !

Il nous est alors précisé que les Français, avec les autochtones, ont mis en place, en plein désert, un système de pompage pour aller puiser l'eau à mille mètres afin d'arroser jour et nuit les plantations gavées d'engrais qui serviront à nourrir les moutons. Ceux-ci, bien gras, remonteront sur Tripoli par camions en empruntant la fameuse piste que nous sommes censés suivre.

Tout y est à notre arrivée : le sable, les ronds de verdure à perte de vue... mais de piste nenni ma foi, pas la moindre petite trace !

L'argument frappant vient du pilote en fonction sous mon contrôle bien sûr : « Nous nous y posions en Douglas C-47 (Dakota) ». La belle affaire c'était avec des pneus ballon spéciaux !

« Vous prétendez qu'avec vos dix roues en diabolo vous pouvez vous poser partout... c'est le moment de le démontrer ! »

Il me revient à l'esprit le miracle accompli par Jésus marchant sur les eaux et Pierre qui, obéissant au Seigneur et comptant sur la puissance de sa parole, le rejoint !

Une douce voix me dit : « *La foi Jean-Louis, la foi !* » Il y a des moments où on se demande si être agnostique ne serait pas plus raisonnable et reposant. Bref !

Alors comme Pierre, comptant sur la puissance des roues diabolo du C-160 et mes compétences pour me poser sur du sable mouvant, je m'exécute.

Il s'agit donc d'un atterrissage de précaution c'est-à-dire avec un impact précis sur le point d'aboutissement choisi lors d'un passage bas, un peu la définition de l'IVV (interruption volontaire du vol). Nous effectuons un premier passage à 500 ft AGL[1] pour reconnaissance. À ce stade je n'ai pas décidé d'atterrir, j'amuse nos hôtes et je cherche une excuse valable pour échapper à cette démonstration. Le général Delachenal et sept ingénieurs ont pris place dans le cargo. Ils prendront en charge la chaîne de fabrication du Transall nouvelle génération que nous sommes censés vendre. Un peu la charrue avant les bœufs quand même !

Le pilote libyen m'indique que c'est bien à cet endroit, entre les ronds de fourrage qu'ils posaient le Dakota avec pneus ballon et qu'avec nos dix roues ça ne devrait pas poser de problème.

Cause toujours ! pensé-je. Cependant j'ai la cervelle qui chauffe. Nous sommes venus vendre… et jusque-là nous avons bien vendu. Va-t-on échouer le dernier jour de démonstration ? C'est en effet la dernière. Il faut se mettre à ma place, ils sont vendus ces quinze Transall et à la dernière épreuve je perdrais le marché, non, impossible d'endosser une telle responsabilité !

Un bref coup d'œil à l'équipage, mais rien ne transpire. Le copilote subit. Le mécano et son second me sont tellement « attachés » qu'ils n'émettent même pas une opinion. Quant au général et les ingénieurs, je n'envisage pas de les consulter.

Bon je vais donner une petite satisfaction à nos clients. Je choisis une partie du désert qui me semble plane. Nous allons faire un *touch and go* sur cette belle « plage ». Nous touchons timidement. J'effectue un circuit pour me représenter face au vent. Il y a effectivement un semblant de chiffon pendu à un semblant de piquet, censé nous donner la force et la direction du vent. Approche prudente à 1,3 VSo plutôt faible, prêt à remettre les gaz.

Ça touche doux, ça semble rouler doux. C'est surprenant, on se croirait sur une piste ! Le Libyen esquisse un rictus presque sympa, il lève le pouce vers son collègue assis sur la banquette arrière.

Personne d'autre ne bronche, je n'ai jamais été aussi seul ! C'est pourtant le moment de prendre une décision. « *Go or not go ?* »

1. *Above ground level.*

un peu comme « Être ou ne pas être » pour rester gaulois. Nous refaisons un tour. Ils l'ont fait... nous devons y arriver !

Passage vent arrière d'un circuit qui n'existe pas, nous préparons l'atterrissage. Le major demande à son second de vérifier si tout le monde est bien attaché. Vitesse et puissance d'approche annoncées, procédure d'approche interrompue évoquée, la finale est stabilisée à vitesse minimale possible, volets hypersustentateurs à 60°. Je me prépare à remettre éventuellement les 12 000 hp ajoutés aux 1 000 kg de poussée au cas où... Je réduis légèrement les gaz pour un impact à 1,10 VSo grand maximum.

C'est encore doux et ça roule... et là j'entends une voix : « Il faudrait faire demi-tour vers la tente ! » Je n'ai d'ailleurs jamais su qui s'était gratté les cordes vocales. Peut-être bien un prophète mal intentionné, car il n'y avait aucune tente, probablement un mirage !!!

Ces mots m'ont-ils influencé ? Je transpire. Quoi qu'il en soit, trop tard !

Le volant de contrôle du diabolo de nez m'échappe de la main, la roue directrice fait effet de coin et se met en travers à 55°... et s'enfonce inexorablement dans le sable. Le Transall s'immobilise, nous piquons du nez. « Major, coupe les bouilleurs et va voir la catastrophe ! » Turbines coupées on entendrait une mouche voler ! Le major détache sa ceinture de sécurité, se lève et va ouvrir la porte équipage. J'entends un bruit sourd que j'ai encore dans les oreilles, un Plöööff. C'est la porte qui vient de s'asseoir sur le sable fin du Wadi Rum ! Mon sang ne circule plus, celui des autres membres circule sans doute encore un peu. Ils sont moins acteurs directs donc moins responsables.

Je descends à mon tour pour constater et évaluer les dégâts. Il faut agir vite !

Les deux Libyens consternés font mine de nous quitter et annoncent qu'ils envisagent de remonter à Okba par camions venus chercher les moutons. La situation n'est pas brillante !

Nous nous en sortirons grâce à notre conviction mais surtout à l'aide des sept plateaux répartiteurs en chêne massif de 5 cm d'épaisseur qui sont dans le cargo, sans oublier les muscles et la vitalité de l'adjudant Boidron. En effet, devant le général

Delachenal (quatre étoiles, fondateur de la Patrouille de France) je demande à mes techniciens de bien vouloir dégager à la pelle le sable devant les roues avant de notre monture. Il faut dire que le diabolo avant est totalement ensablé, quant aux roues du train principal elles sont enfoncées aux trois quarts.

Nous trouvons également une aide précieuse avec le camion muni de chaînes qui, à coups d'embrayage nous permet de sortir un peu les roues des ornières. Ceci fait, nous plaçons tous ensemble, car je mets la main à la pâte, ces beaux plateaux devant chaque diabolo pour, en un premier temps, pouvoir éventuellement rouler dessus et prendre un peu de vitesse...

Le silence des observateurs qui suit s'ajoute à celui du désert. Une heure cinquante est nécessaire pour réaliser mon projet. Je dis bien « Mon projet » car aucun des membres n'avait émis de solution, ça me réconforte ! Chacun regagne la place qu'il occupait auparavant, sauf moi qui décide d'être pilote en fonction c'est-à-dire en place gauche, le pilote libyen en place droite. Le général toujours avec son mouchoir noué aux quatre coins, les sept ingénieurs dubitatifs, les membres d'équipage montés les derniers et qui pensent : « Ras la casquette des missions commerciales avec un patron qui n'envisage pas l'échec ! »

Je compte quand même le nombre d'âmes à bord, ce n'est pas le moment d'en laisser une dans le Wadi Rum, elle serait capable de rencontrer Lawrence d'Arabie égaré dans le désert.

Je mets en route les deux Tyne qui sifflent pour évacuer le sable ingurgité durant mes manœuvres, ça tourne rond, les deux couple-mètres sont au max et les T4 sont bonnes. J'annonce :

— Major, dès que je lâche les freins tu braques les volets hypersustentateurs au maximum 60° !

— OK (mais il me foudroie du regard car il connaît parfaitement les procédures et celle que je lui impose n'est pas envisageable).

— T'inquiète pas Major, ou je réussis ou on rentre avec les moutons dans les camions GMC.

Chose dite, chose faite, hélas rien ne bouge. Nous avons des sueurs froides.

Alors je donne de grands coups de profondeur avant-arrière pour ébranler les 43 tonnes.

Miracle !!! Le Transall, extraordinaire machine, commence à rouler, la profondeur pleine arrière au moment où les roues quittent les plateaux... faible ralentissement en roulant sur le sable puis nouvelle accélération 50, 60, 65 kt au badin, le C-160 allégé par le souffle des hélices sur les volets hypersustentateurs quitte doucement le sable du désert... J'affiche l'assiette de décollage, confiant. Je ne transpire plus, mes mains sont de glace, le cœur claque ! Il sort du jus des poignées des manettes de gaz tellement je les serre. Je lâche le volant de direction au sol, maintenant inutile, le palonnier actif et de la main gauche j'agrippe la médaille de saint Christophe que je bise discrètement...

Nous ne rêvons pas, nous VOLONS !!! C'est Le miracle de la conviction et de l'audace, le Transall s'élève dans son milieu de prédilection.

Pas de perte de temps pour enclencher le pilote automatique et faire le point. Les couleurs reviennent sur les joues. J'ai quand même la langue sèche, j'ai soif ! Je demande au major de me confier ses bouilleurs pour aller chercher l'eau dans la soute. Nous avions emporté dix-huit bouteilles de 1,5 litre chacune soit 27 litres au total. Quelques minutes passent, mon roi du tournevis revient la mine déconfite.

— Le général s'est trouvé mal ? demandé-je.

— Non Mon capitaine, mais il n'y a plus une seule bouteille d'eau !

— Ah !

En avalant le peu de salive qui me reste, je lance : « Les salauds, ils nous ont piqué la flotte... ! » Bof ! C'est de bonne guerre. J'aurais dû mettre le général comme sentinelle pour garder l'eau. Et nous en rions, un peu jaune tout de même !

Le retour à Okba fut calme, hormis une remarque du chef de mission qui ne semblait pas avoir compris pourquoi je n'avais pas accusé réception d'un message du contrôle de Tripoli... le pilote libyen était capable de le faire... alors j'ai laissé « pisser le mérinos » ! D'ailleurs ça s'est très bien passé. Cependant au cours du dîner, petite prise de gueule avec le pilote civil qui aurait dû faire les démos, mais qui en avait été dispensé, je ne sais pourquoi. Mais ça ne l'a pas empêché de critiquer...

C'est bêtement humain !

Le débriefing tout de même car nous avons œuvré pour vendre quinze Transall... avions qui n'étaient pas encore sur les chaînes de fabrication. Cherchez l'erreur !!!

Pour arrondir les dépenses, les deux réacteurs Tyne du n°43 allaient rendre l'âme. Ils n'avaient pas digéré le sable ingurgité !

Personnellement j'ai adoré cette mission très spéciale et passionnante, même si elle n'a servi à rien !

Kadhafi n'a jamais eu de Transall, il n'avait pas encore planté sa tente dans le parc de l'hôtel de Marigny !

28 avril 1977, sans trop m'attarder sur la routine, sur le C-160 n°17 avec comme copilote un certain Jacques, mais pas n'importe quel patronyme car il s'agit de Jacques Clostermann, fils de Pierre Clostermann, un As de la Seconde Guerre mondiale aux vingt-sept citations, devenu homme politique et homme d'affaires, patron des avions Cessna à Reims. Ce dernier me confia son fils qui souhaitait devenir pilote de ligne. Ce qu'il fit d'ailleurs après avoir obtenu ses qualifications de transporteur militaire. À l'origine il était pilote de chasse... mais incompris de ses supérieurs hiérarchiques...

Or, pour avoir une passerelle à l'époque, Armée de l'air vers Air France, il fallait autre chose qu'un nom célèbre, le SNPL[2] voyant d'un mauvais œil arriver dans leurs rangs, des ouvriers de qualité. Même l'ancien président de la République Pompidou n'était pas parvenu à imposer l'équivalence. Il a fallu attendre 1999 « l'Amalgame européen ». Bref !

Pour que Jacques puisse montrer « patte blanche » hors Armée de l'air, son père nous prêtait un Cessna 177 Cardinal et nous allions à Auxerre où Jacques pouvait s'entraîner, sous mon regard attentif, aux différentes procédures exigées pour aboutir à l'IFR (civil).

Le 177 n'était pas vraiment adapté aux nuages givrants ; j'avoue avoir été obligé de sensibiliser le futur pilote de ligne à ce phénomène dangereux. Ainsi, les qualifications civiles en poche, une bonne expérience dans le transport aérien militaire sur Transall, Jacques pouvait intégrer une compagnie civile et après trois ans de « purgatoire » en Polynésie française, il rejoindra Air France. Il terminera sa carrière commandant de bord sur 747, je crois. Ensuite il se lancera dans la politique...

2. Syndicat national des pilotes de ligne.

Au cours de son séjour en Polynésie, il rencontre aux îles Marquises un certain Jacques Brel, mordu de pilotage et qui possède son propre bimoteur Twin Bonanza qu'il appelait *Jojo*.

Mon ancien protégé me racontera tout ça, lorsqu'il viendra me voir à Hispano Suiza où j'étais instructeur, sur l'aéroport de Pontoise-Cormeilles.

Je garde un excellent souvenir de sa gentillesse, qui, pour me gratifier sans doute de mes bons et loyaux services, a fait en sorte que son père Pierre Clostermann, l'As aux 33 victoires aériennes, premier chasseur français derrière Fonck (75 victoires), nous invite ainsi que mon épouse à un dîner fastueux à *La Poutrière*, restaurant renommé dont le chef était l'ancien cuisinier du paquebot *France* (vendu et appelé *Norway*) chanté d'une manière émouvante par Michel Sardou.

L'aventure avec Jacques ne s'arrêtera pas là ; comme son père avait vendu le Broussard Max-Holste à l'Armée de l'air, il envisageait également de lui vendre le Cessna 404 Titan.

Le 21 mai 1977 sur le 404 F-GAAN, nous passons notre journée à essayer la machine pour établir les courbes sommaires des performances, à Saint-Denis-de-l'Hôtel, près d'Orléans. Malgré nos efforts et la persuasion de monsieur Clostermann, ça ne suffira pas, l'Armée de l'air ayant opté pour l'Embraer Zingu, biturbine, en remplacement du vieux Dassault 315.

Le 28 avril 1977 sur le n°17, lors d'un passage, nous présentions le Transall au cheik Kalifa Ben Zayed, émirat d'Abou Dabi.

Le 7 juillet, sur le C-160 n°160, nous promenions monsieur Raymond Barre alors Premier ministre.

Décollage d'Orange pour survoler le plateau d'Albion où se situe la base aérienne 200 équipée de missiles dirigés vers un ennemi menaçant qui n'hésitait pas à détruire les avions de ligne. Un souvenir amusant lors de cette mission car il en faut !

Nous installons le Premier ministre en place pilote droite. Il semble très étonné de cet honneur et ceci doit plus ou moins le limiter dans ses gestes. Car après que le mécano lui eut posé le casque « de guingois », une oreillette bien placée sur l'oreille droite, l'oreillette gauche étant descendue au niveau du menton, il resta ainsi durant tout le vol sans broncher ou émettre le moindre son.

Je n'avais jamais entendu un tel soupir de soulagement d'un passager mettant les pieds sur le plancher des vaches ! Nous n'avons pas eu d'écho de ce vol « parlementaire »...

Novembre 1977, c'est une petite traversée de l'Atlantique Sud pour changer un peu.

Le 13, étape Orléans-Las Palmas (Açores) *refueling* et dans la foulée via Dakar.

Nuit agréable à l'aéroport situé à côté du village Yoff qui porte maintenant le nom de Sédar Senghor.

Le lendemain le saut Dakar-Cayenne, neuf heures trente de vol quand même. Une petite anecdote me revient à l'esprit. Le navigateur et son homologue à l'instruction s'activent comme de beaux spécimens de la corporation. Personnellement j'avais intégré que les vents à haute altitude, au-dessus des océans, étaient stables et toujours en accord avec les prévisions météorologiques.

Donc, dès le départ de Dakar, je fais un graphique des plus précis, comme un dessinateur industriel que j'étais peut le faire. (Voir graphique joint)

J'annonce, dès la mise en palier au FL 240, l'heure estimée d'arrivée (HEA) à la verticale de la balise de radionavigation (NDB) de Cayenne. Bien sûr, sourires narquois des spécialistes de la règle CRAS et du sextant. Nous autres pilotes travaillons avec le dérivomètre et le *doppler*... mais rien ne change vraiment, le vent est bien stable. La traversée se déroule sans souci et l'aiguille du radiocompas bascule avec 2 minutes de retard sur ma prévision. Certes, on peut arguer que c'est un coup de pot après plus de neuf heures de vol pour une différence de deux minutes. Non, je ne crois pas, c'est le fruit de l'observation bien exploitée. Évidemment l'équipage ricane... c'est alors que me vient naturellement cette répartie : « Mes deux minutes de retard sont dues à la dérive des continents ! »

Il semblerait que cette explication ne soit pas passée sous silence... Enfin on fait ce qu'on peut, on n'est pas des bœufs !

Le 14, étape Cayenne-Pointe-à-Pitre avec une traversée du « Pot au noir » impressionnant comme je ne l'avais jamais vu.

Déjà l'atterrissage à Cayenne s'était mal passé, il pleuvait tellement fort que nous avions été obligés d'interrompre le roulage au beau milieu de la piste en attendant que la météo s'améliore.

Heureusement arrivés à Pointe-à-Pitre, accueil réglementaire au Planteur... connu !

Le 15, Pointe-à-Pitre-Santa Maria, neuf heures quarante de vol de nuit.

Le 16, Santa Maria-Villacoublay-Orléans. *End !!!*

Allez, un dernier petit itinéraire au Poitou avant de passer à un autre exercice !

Le 31 décembre 1977, je ne vais pas réveillonner en famille et je ne serai pas le seul, les événements s'accélèrent... mission FM 9908 sur le Transall n°92.

Première étape Orléans-Kénitra-Agadir-Goulimine.

Puis Goulimine-Akjoujt (Mauritanie). Il s'agissait d'une mission un peu spéciale de transport de troupes au profit du Maroc. Nous étions plusieurs avions, j'étais n°1 Kamel leader.

Retour à Agadir puis à Orléans le 5 janvier 1978, le champagne du réveillon s'était plutôt réchauffé !

Le 23 mars 1978, mission FM 9519 : c'est un petit saut Athènes-Beyrouth et retour immédiat, même pas le temps de saluer les Cariatides. Voyage éclair dû aux événements...

1978, presque trois ans de chef pilote (spécialité) au Poitou, déjà un record, le poste n'étant tenu en général que durant deux années. Je pressens un changement alors que je n'ai rien demandé...

C'est ainsi qu'à la croisée des couloirs la chose se confirme. Le pacha m'annonce que ma nouvelle affectation serait censée être chef des opérations à l'escadron de convoyage de Châteaudun.

Certes je ne saute pas de joie, je suis du genre « enraciné ! »

Nous décidons, en famille, d'aller visiter cette charmante ville, chef-lieu d'arrondissement d'Eure-et-Loir, le week-end suivant.

Dans la ville se trouve le château de Jean Dunois appelé le Bâtard d'Orléans. Ceci importe peu mais va, une fois encore, changer mon Destin. En effet nous visitons le château et montons au sommet de la tour qui domine les environs.

Cécile, ma fille, reste figée et perd ses couleurs en découvrant que Châteaudun n'est en fait qu'un grand village perdu en pleine campagne... S'imaginer quitter le conservatoire de musique d'Orléans où elle est élève dans la classe de Pierre-Alain Biget, entre autres, est impossible ! Elle veut être musicienne.

Évidemment elle n'a aucune idée de l'impact que cela peut avoir sur l'avancement de son père s'il décline le poste.

Le retour à la maison se fera dans le calme et la réflexion... mais le problème se pose pour moi...

Non, Cécile ne quittera pas le conservatoire d'Orléans, dussé-je refuser pour la seconde fois un poste de chef des opérations... elle poursuivra ses études pour devenir musicienne !

Ma décision étant prise, je contacte donc le colonel Chapuis (mon commandant de base au Tchad) qui se trouvait en poste à l'état-major, pour lui faire part de mon dilemme familial.

Chef des mouvements avions

Grâce à son intervention, il m'est donc proposé le « strapontin » de chef des opérations de la 61e escadre à Bricy, plus précisément « le fauteuil » de chef des mouvements avions.

Je ne remercierai jamais assez l'Armée de l'air de m'avoir permis de faire une modeste carrière tout en donnant satisfaction, au moins à ma fille devenue musicienne concertiste.

Quant à mon fils Jean-Luc ce sera un très brillant pilote de chasse sur F-16 et Mirage 2000.

Encore une fois cela me convient à merveille. Je connais les lieux et le travail, je vais pouvoir continuer à faire des missions puisque je vais être chargé de les dispatcher !!! Avec un peu de diplomatie, les escadrons ne me mettront pas trop de bâtons dans les roues... surtout si je leur rends service.

Le temps passe, je dirais agréablement, au rez-de-chaussée de la 61e escadre, de plus je retrouve tous les soirs ou presque la famille.

Salon international du Bourget : présentation du Transall C-160

Enfin une mission peu ordinaire et de plus improvisée. Peu ordinaire en effet, car une telle mission ne peut, à priori, n'arriver qu'une fois dans la vie d'un pilote militaire trié sur le volet !

Présenter le Transall C-160 lors du Salon international du Bourget de 1981 correspondait à l'époque, à la présentation de l'Airbus Atlas A400M, au même endroit en 2015, mais le Fadec (*Fuil Autority Digital Engine Control*) en moins.

Cette année-là, le président de la République François Mitterrand, socialiste, fraîchement élu, n'aime pas l'étalage d'armes et armements exposés au Salon (la France ne doit pas vendre des « matériels » dangereux), il les fait donc retirer sur-le-champ.

Apprenant cela, il semblerait que le pilote civil désigné pour présenter et vendre le C-160 ait été évincé ! L'entreprise que vous reconnaîtrez tous, frappe à la porte de l'Armée de l'air, et ce jour-là, je vous le dis... il faut partir vite ! C'est le côté improvisé. En effet le Salon a ouvert le jour où les armes ont disparu (faux cul ! pardon !) et les démonstrations ont commencé. Il va falloir attraper le train en marche.

Le général commandant le Cotam (Commandement du transport aérien militaire) donne des ordres au commandant de la 61e escadre. Ce dernier a son bureau situé au second étage du bâtiment. Le chef des ops est au milieu et en général se repose et compte les coups...

Le bureau du chef des mouvements avions, c'est-à-dire celui qui gère et suit les missions est au rez-de-chaussée. Ainsi les ordres descendent jusqu'à moi sous l'effet de la gravité.

C'est surtout en raison de mon expérience des meetings, étant plus ou moins présentateur du Transall par la fréquence des prestations.

La mission est donc de droit attribuée au Poitou.

Le 6 juin, arrivée au Bourget où nous sommes aussitôt pris en charge par les organisateurs surpris de nous voir débarquer avec deux jours de retard. L'équipage se présente au colonel Pesson responsable et officier sécurité des vols. Le président du Salon, également directeur des vols cette année-là, Serge Dassault, nous souhaite la bienvenue ! Bref !

Présenter un aéronef au prestigieux Salon international français n'est pas une mince affaire mais la réalisation sans aucune préparation ni consigne relève carrément du défi !

Pris de court, l'état-major annonce majestueusement : « Daroux, vous disposerez de quatre minutes pour réaliser votre présentation. Trouvez un profil d'évolution adapté et attractif qui ne déborde pas, sinon c'est le dégagement sur Creil... ! » en perdant la face et le crédit de l'Armée de l'air de toute évidence !!!

Je pense quand même dur, dur ce coup ! Mais sûrement une chance inouïe que beaucoup de bons pilotes n'auront pas. Alors *Go !*

Je vais pouvoir montrer les possibilités extraordinaires du Transall, particulièrement maniable.

Quant au travail en équipage, la procédure : « Je tiens le manche, tu tiens le palonnier et toi les gaz » n'est pas encore la règle d'or dans le Cotam. Je fais donc tout, le copilote surveille et donne l'alerte, le mécanicien d'équipage s'occupe des « brûleurs » et obéit aux demandes du pilote en fonction. Vous comprendrez pourquoi ces précisions sont très utiles lors de la poursuite du récit des événements.

Il est nécessaire de rappeler aussi que l'espace aérien était partagé en trois secteurs :

Un espace A, large, pour les évolutions des avions de chasse, un espace B, moyen, réservé aux mouvements des gros-porteurs et un petit espace C dédié aux avions de même qualification (légers).

Les chefs me, enfin nous, faisaient confiance et je n'ose pas envisager de les décevoir. Je garde à l'esprit que les présentations au Bourget ont un objectif... Vendre les produits présentés.

C'est peut-être naïf de ma part mais si on ne croit pas à ce que l'on fait et pourquoi, autant aller à la pêche... j'ai pourtant donné en la matière, à Tripoli, pour vendre le même produit alors qu'il n'était pas encore fabriqué... !

Je cogite, ce qui me vaut une nuit blanche, afin de définir le meilleur profil de la présentation pour « séduire le client ».

Surprise, des consignes... il n'y en a pas ! Tout sera de notre cru.

Décollage sur la piste 05 côté du chalet bien sûr, et quel que soit le vent. Virage à gauche immédiat et serré, sans même avoir soustrait de la piste les deux diabolos du train d'atterrissage principal.

Montée initiale accrochée aux hélices pour un retour immédiat et passage basse vitesse, très basse vitesse à la limite du décrochage, pleins volets 60°.

J'avais remarqué que les spectateurs à l'instar des « aficionados » de courses de taureau, sans vraiment en être conscients, attendent que le matador fasse l'erreur fatale.

Un Transall à 65 kt au badin avec 20 kt de vent de face, cela faisant 45 kt de vitesse sol, vu le volume du C-160 on a l'impression qu'il est en stationnaire et qu'il va tomber.

Toute la foule retient son souffle... « Il va tomber... il tombe mon Dieu ». C'est lors de la présentation magistrale du Buffalo de la Royal Canadian Air Force, un Havilland, avion à décollage et atterrissage courts qui subjuguait la foule, qu'il m'est venu l'idée de faire le même type de « spectacle ». Certes ça n'a pas toujours satisfait le grand patron du Cotam qui a bien failli me réprimander ! Bref !

Reprenons notre présentation. Remise des gaz à 300 ft sol, c'est la règle 100 mètres sol minimum. Retour axe inverse avec cette fois le vent arrière pour un passage « grande vitesse ». Cette figure de gros-porteur à 150 mètres-seconde n'a jamais impressionné personne. La masse estompe l'effet de vitesse qui n'est déjà pas très élevée à cette hauteur.

Puis coupure du moteur et passage de l'hélice en drapeau côté public, c'est-à-dire que l'hélice ne tourne plus du tout ! Puis virage de 360° à grande inclinaison entre 2 à 3 g de poids apparent.

Chandelle en monomoteur pour impressionner les « aficionados » qui attendent toujours la chute... rallumage de la chaudière par l'ingénieur mécanicien au top, qui reste imperturbable et confiant. Le copilote toujours vigilant ne devrait pas intervenir.

Enfin c'est la dernière phase de la figure : se mettre en finale volets 60° à la vitesse le plus faible possible et grande pente, ça impressionne, pour un impact pile devant les clients potentiels, mise des hélices en position « reverse »... puis une marche arrière, eh oui !!! d'une cinquantaine de mètres.

Puis roulage vers l'avant ponctué de deux ou trois coups de frein, un peu virils, qui assurent autant de révérences du Transall aux spectateurs.

Tout ça en 240 secondes pile !

Nous ferons treize présentations et pas une bavure... sauf que !!!

Un porteur de plus de 40 tonnes qui reste dans un volume dévolu aux tout petits avions ça peut surprendre, surtout si ce n'était pas prévu comme ça, et c'était le cas ! Évidemment le colonel Pesson, officier sécurité des vols, ne l'entend pas de cette oreille. Comme tous les soirs il y a réunion des équipages en présence de tous les participants et du directeur du Salon, monsieur Serge Dassault. Rien ne passe inaperçu !

Nous sommes convoqués, invectivés, menacés... L'affaire est alors portée sur le bureau du général Cornavin, patron du Cotam qui ne me félicite pas bien sûr, mais qui comprend que le vin est tiré et qu'il faut le boire. Mon profil doit faire quatre minutes... il fait exactement quatre minutes et il est trop tard pour en proposer un autre, d'autant qu'il plaît à la foule mais aussi, ce qui est plus rare, aux autres équipages. On pourra voir dans cette attitude qui n'est pas celle des politiques, une franche reconnaissance sans arrière-pensée. C'est réconfortant quelquefois. Jean Gabin disait : « Ne contredit jamais un con, laisse-le, il se contredira tout seul » et je le mets en pratique !

Donc une machine de 40 tonnes présentée dans le mouchoir de poche des avions en papier, ça fait désordre. Je le reconnais, il n'était pas besoin de le faire remarquer. Il eut fallu me donner des consignes précises et adaptées en temps utile. Commander, c'est prévoir !

Or nous sommes exécutants et de plus en bonne place pour être vus et jugés !

La surprise vient du directeur du Salon qui, sage, souriant les soirs de débriefing, signe en marge du tableau d'honneur « CHAPEAU LE TRANSALL DE l'ARMÉE de l'AIR ! » Ces dithyrambes quotidiens nous gonflaient le torse mais étaient hélas à double tranchant !

Treize présentations avec un séjour à Dugny plus qu'agréable, voitures de fonction H24 et petites hôtesses d'accueil très dévouées.

Hélas cette fluidité de présentation aux limites des performances usait les nerfs de mes supérieurs hiérarchiques directs, mais rien à faire, c'était vendu ainsi.

Par contre ce que je n'avais pas prévu, mais alors pas du tout, c'est que nous pourrions porter ombrage à la présentation du Transall allemand, convoqué pour les mêmes raisons, le prestige !

En effet, arrivé deux jours plus tôt dès l'ouverture du Salon, il occupait, lors de ses présentations, le plus gros espace B que d'ailleurs nous aurions dû honorer aussi. Mais les démonstrations molles et éloignées n'intéressaient pas les spectateurs. Déçus ils tournaient le dos et ne les regardaient plus.

Ainsi, le 9 juin, ce qui n'aurait jamais dû se produire... arriva devant nos yeux stupéfaits. Toujours piste 05, QFU[1] jugé préférentiel pour satisfaire les aficionados et les acheteurs potentiels mais ce jour-là le vent est de 20 kt arrière, c'est-à-dire du 230° 20 kt. Pour nous, disons assez entraînés au décollage et à l'atterrissage avec du vent arrière, cela ne nous gêne pas beaucoup. Un pilote militaire doit faire face à des situations plus embarrassantes. Je ne demande même pas à l'équipage s'il est d'accord ou non pour cette nouvelle entorse aux règles. Consensus évident, j'envisage donc la piste 05 sans qu'un seul doute n'effleure mon esprit.

Devant nous le Transall allemand a probablement craint le fort vent arrière et choisi de décoller sur la piste exposée au vent de face, QFU 23. Nous ne le remarquerons pas immédiatement, affairés que nous sommes aux actions vitales. Nous serons témoins de l'accident car nous sommes au point d'attente, prêts à nous aligner. Mais que s'est-il passé ?

1. Code Q exploité en morse et choisi par les radios de l'époque pour son son harmonieux. Il a été gardé quelques codes en langage radio courant pour identifier les balises.

En choisissant la piste 23 le commandant de bord allemand, chef pilote de la compagnie qui présente l'avion, sait qu'il doit se poser en fin de piste devant les chalets, sinon la démonstration ne sert à rien. C'est là que le bât blesse et que le travail : « Moi le manche, toi le train d'atterrissage et le graisseux les gaz » ne marche pas quand ça va trop vite... et c'est le cas en présentation.

Un moment d'hésitation et c'est l'accident.

Le pilote en fonction ayant remarqué que le Transall français « tournait » plus court, beaucoup plus court, aurait voulu faire un peu pareil pour éviter les remarques lors du débriefing.

Par ailleurs, il semble avoir craint également de se poser en fin de piste de peur d'avoir à remettre les gaz. Il décida quand même de faire sa présentation face au vent en 23. C'est lors de l'approche que survient son indécision fatale. Le pilote en fonction pense être « trop long » et ne pas pouvoir stopper son avion avant la fin de la bande et ainsi sortir des limites de l'épure.

Il remet les gaz et ordonne alors la rentrée du train d'atterrissage. Ce que le copilote ne tarde pas à faire. À cet instant, le commandant de bord prenant sans doute conscience de l'échec décide d'atterrir quand même... Mais l'ordre de sortir le train d'atterrissage ne sera jamais donné. Le copilote ne réagit pas, habitué à obéir. Le mécanicien quant à lui est sans doute exclu de la boucle et ne dit, ni ne fait rien.

C'est l'accident le plus bête qui soit, se poser train rentré, sur le ventre... et ce, au cours d'un meeting international, à cause d'une erreur de jugement d'un chef pilote pourtant de très haut niveau !

C'est probablement la raison pour laquelle je n'ai jamais oublié cette action de sortir les roues et mes élèves non plus !

Nous serons tous marqués à jamais par cette désastreuse image de l'échec cuisant. Outre la fumée due au frottement sur le bitume, c'est surtout la vue d'un empennage qui, lors de l'impact, s'abaisse de plus d'un mètre qui donne à réfléchir. Mais le plus triste est à venir. Ce C-160 allemand sera vendu aux Australiens et devra être livré au cours du mois. Soulevé sur ballons gonflables pour pouvoir sortir le train, il sera convoyé dès le lendemain et ce sera fini pour lui.

Par contre j'ai appris un mois après cet événement, somme toute banal, que le commandant de bord allemand, ne supportant pas son erreur, s'était suicidé !

Par solidarité corporative, j'ai d'abord été affecté. Mais surtout je me sentais un peu coupable d'avoir troublé un certain « ordre » des choses, ce qui avait entraîné un pilote à commettre la faute. Grâce à l'appui de mon entourage en particulier celui de mon épouse, j'ai pu remonter la pente et estomper mes remords.

Comme quoi, vouloir trop bien faire n'est pas toujours recommandé. Ce qui compte pour un bon pilote, c'est la régularité et l'anticipation !

L'adage dit : « Il est relativement facile de faire un bon pilote, mais l'essentiel c'est de faire un vieux pilote » quatre-vingts anniversaires passés, 43 000 heures de vol, c'est peut-être le moment de m'intéresser aux modèles réduits !

Le Poitou se couvre modestement de gloire en faisant parfois des meetings aériens permettant ainsi aux équipages de prouver, non seulement leur habileté mais aussi leur souci permanent d'atteindre la meilleure qualité dans des conditions quelquefois improbables.

Si l'escadron a accompagné le Concorde en 1973, il n'hésitera pas, quelques années plus tard à lui voler la vedette... accidentellement bien sûr mais comment ?

Présentation du Transall à Bex

Le 19 mai 1983, je suis avec l'équipage convié à faire une démonstration du Transall appelée Type A. Rien de bien sensationnel... sauf les circonstances.

Le lieutenant-colonel Trapy, commandant de l'escadre, me convoque et commence son laïus ainsi : « Asseyez-vous. Dites-moi, qu'avez-vous fait lors du dernier meeting à La Ferté-Alais ? Le général vient de m'appeler et nous avons le ministre de l'Armée suisse sur le dos... »

Je reste calme car j'ai décidé de quitter l'habit de lumière afin de trouver un nouveau souffle dans le civil... avant d'être « moins jeune » ! Intrigué et inquiet j'attends quand même la suite.

— Aurions-nous concurrencé la présentation du Concorde par monsieur André Turcat à La Ferté ? Où ai-je fait une erreur ?

— Non, c'est beaucoup plus drôle et inattendu ! me réplique le chef qui d'ailleurs ne semble pas très bien comprendre le sens et le déroulé des événements.

En fait, le Concorde devait faire un passage lors du meeting international de Bex en Suisse qui est une manifestation aéronautique de grande importance, à l'époque. Le terrain de Bex est situé tout au bout du lac Léman, côté Suisse.

Le Concorde était censé arriver de la vallée, moteurs réduits. Il aurait été calculé que, lors de la remise des gaz, il aurait fait voler en éclats toutes les vitres du canton. Gênant, sauf pour les vitriers ! Et c'est là que la situation est peu banale.

Comprenez, le ministre de l'Armée suisse assistait au meeting de La Ferté-Alais le 29 mai. Déçu de ne pas pouvoir recevoir le Concorde, il veut le Transall qui l'a fortement impressionné lors de sa démonstration avec le même pilote qui le présentait.

Excusez du peu !

Ces propos ressortiraient de la conversation que ce ministre aurait eue avec le patron du Cotam via les autorités parlementaires, bien sûr.

Habitué aux meetings, mes pulsations ne changent pas de rythme. Une de plus et probablement la dernière. À cette pensée mes yeux s'embuent légèrement, mais rien à faire.

Un pilote militaire ne peut pas rester actif au-delà d'une certaine « jeunesse » !

Alors il faut partir et surtout ne pas se retourner !

Passons aux actes et laissons les préparatifs qui sont toujours les mêmes.

À la maison d'abord entre la poire et le fromage. « Les enfants, chérie, je suis désigné pour une mission à Bex en Suisse ! Les enfants « chic, cool une semaine ! » L'épouse... je n'ai pas de réponse mais je subodore : « Il va encore se balader... vivement qu'il travaille dans le coin ! »

Bref, ce sera presque pire ensuite, pas de chance !!!

Poursuivons cette mission. Le Transall n°44 se pose à Genève International car il est impossible de séjourner à Bex, la piste en herbe de 625 m ne permet pas d'honorer les performances du C-160.

À Genève nous stationnons sur le Tarmac isolé, à quelques encablures d'un gros-porteur apparemment silencieux. Les militaires nous préviennent, pas un regard et surtout pas un geste à l'endroit de cet avion de ligne, les passagers sont pris en otage. *M., il ne manquait plus que ça !* Vous n'avez pas remarqué ? Il y a toujours une contrariété au dernier moment, et c'est en principe mon dernier moment en meeting !!!

Nous restons calmes, très calmes, nous n'avons pas le choix.

Un véhicule militaire vient chercher l'équipage composé de Daroux, Jamart et Dalloz.

Je suis presque civil, plus de grade, seulement des copains, une équipe pour ma dernière révérence ! Nous sortons de l'aéroport après avoir « encoconné » notre bijou d'aéronef.

À l'extérieur, une voiture avec chauffeur nous attend pour nous conduire à Bex où notre couvert et notre gîte sont prévus évidemment. C'est le côté sympa des meetings, les équipages sont choyés et ne s'en plaignent pas. Nous suivons la route des vins sur les coteaux au nord du lac, superbes et curieux vignobles, en pente très raide mais judicieusement exposés au soleil qui darde ses rayons presque perpendiculairement au sol. Arrivés à Bex nous sommes reçus comme des princes (*Le Petit Prince...* Saint-Ex !). Nous passons une soirée plus que sympathique m'étant rapproché du commandant de bord de l'hélicoptère Puma venu pour le même motif. Il a été très facile et fort agréable de terminer la nuit sans une envie démesurée de dormir. Bref ! Après tout c'est un rituel qui devrait être le dernier, déjà dit...

Par contre le chemin Bex-Genève, le dimanche en fin de matinée pour récupérer notre gros jouet sera particulièrement calme. Il fait frais et j'ose à peine entrouvrir la vitre du carrosse pour ne pas donner libre cours à mes paupières sollicitées par la gravité, 1 g aussi en Suisse, action non concertée qui me vaudra « une volée de bois vert » de la part du chauffeur, genre petite nature de presque Tyrolien manqué qui n'aime pas respirer l'air pur. Il est vrai que Bex, commune suisse du canton de Vaud n'est pas dans le Tyrol (province de Bolzano région du Trentin en Italie du Nord, et orientale en Autriche). Bref, après tous les kilomètres parcourus je ne suis pas au détail près. Il est dit « lorsqu'on a tout oublié... c'est la culture qui reste ! » Pour ma part c'est la culture de la tomate car, en effet je suis membre du Tomato, association aéronautique qui remonte à la Première Guerre mondiale 14-18. Vous n'êtes pas obligé de me suivre !

L'aérodrome de Bex est orienté sud-est / nord-ouest, il longe la E27, route principale qui déboule de Saint-Maurice et borde sensiblement le Rhône qui se jette dans le lac Léman. On comprend mieux pourquoi le Concorde aurait eu du mal à réussir son passage sans effrayer les poissons !

Pour nous, c'est la routine. De là à penser que nous sommes « meilleurs que Turcat », oh non quand même pas !!! Allez, nous le laisserons croire à nos hôtes, boutade !

Nous arrivons à Genève après une heure de route environ et le temps de nous réveiller. Préparation de la machine, surtout le technicien de la clef « à molette », cependant j'ai pris l'habitude, avant de grimper au poste de pilotage et sans que l'équipage m'observe, de saluer notre monture avec un respect insoupçonné. Superstitieux, je ne peux plus faire une présentation sans ce cérémonial ! On en pense ce que l'on veut, jusque-là ça m'a porté chance... c'est une tournure d'esprit voisine de « l'effet placebo ! » J'y crois ça marche, je n'y crois pas c'est l'échec !

Mise en route des turbines et tout le monde est réveillé dans le poste de pilotage. Autre constatation, le bruit des moteurs remplace la caféine ou tout autre alcaloïde.

Nous arrivons sur le terrain de Bex le plus bas possible pour surprendre les spectateurs, suractiver leur pouls et leur curiosité pour la suite, les trois coups en somme… et le spectacle commence !

Nous enchaînons par une approche lente, volets 60° (nous connaissons bien maintenant le profil d'une présentation), pour un *touch and go* auquel je n'ai absolument pas droit la piste étant trop courte ! De plus je libère le « plancher » alors je tutoie les limites basses comme jamais. (Heureusement il y a prescription !)

Je suis confiant en l'équipage et en la monture… alors c'est la révérence. Nous touchons, les spectateurs sont pratiquement sous l'aile gauche et baissent la tête. Pas un rictus dans le cockpit, on dirait qu'ils devinent ce que je ressens, une émotion et une peine infinie de quitter ce job qui m'aura porté plus de vingt-cinq ans… ! Passons, sinon les larmes vont couler le long de mes joues et je vais louper la présentation !

Nous touchons donc, remise de gaz et les roues arrachées à la limite de fin de piste. Décollage suivi d'une montée à très forte pente (à faire pâlir le fils, pilote de chasse). Virage à gauche accroché aux hélices puis passage très, très bas, les roues à faire rentrer les cornes des escargots suisses.

Une fois de plus quelques coups de palonniers afin de dodeliner de l'empennage et donner au Transall un petit côté féminin quoi ! Une nouvelle remise de gaz très souple et retour par virage à droite en accélération fulgurante pour un passage à très grande vitesse, Mach 0,3 ?

Non, à la VNE[1] Mach 0,32, il faut bien faire rougir les chasseurs !

Puis virage à gauche très serré, 70° d'inclinaison sans dépasser le facteur de charge max ou presque… et passage en drapeau de l'hélice côté public. Pas le temps d'évaluer l'émoi des spectateurs qu'il faut amorcer la chandelle avec rallumage de la turbine Tyne qui sera encore très docile, sensible au doigté expert de l'adjudant Dalloz. Enfin, dernière manœuvre pour revenir vers la piste plein pot et assumer le dernier salut.

1. *Velocity never exced.*

Adieu Bex et merci pour ton accueil plus qu'exceptionnel !

Puis c'est la montée au niveau de croisière avec « *clearance* » IFR sans difficulté. Retour à Orléans avec toujours ce même sentiment mélancolique de l'acteur qui quitte les planches, porté sur un petit nuage de « gloire » éphémère et cloîtrée dans un poste de pilotage totalement hermétique.

Bien que nous ayons toujours les pieds sur terre, jamais d'euphorie pour les équipages de présentation en meeting. J'ai compris tout de suite avec la Patrouille Guimauve,

Isolement psychologique et physique indispensable avant toute démonstration devant un public.

Heureusement nous allons rester encore une heure trente au niveau de vol 260 (environ 8 000 m) avant d'amorcer une descente douce, très douce sur le Loiret et avoir ainsi le temps nécessaire pour se réadapter à la vie... je dirais « de routine ».

Finalement, Notre-Dame de Lorette ou plus exactement saint Joseph de Cupertino, patron des aviateurs venu sécher mes larmes au départ de Bex, ayant pitié de mon désarroi, me fera désigner responsable pour la dernière fois d'une vitrine démo au Havre... alors que je suis déjà embauché comme cadre dans une « boîte » à Cherbourg ! En réalité je ne suis pas encore totalement civil. Je resterai quelques années « pilote abonné » dit-on, ce qui me permettra d'effectuer quelques Berlin et Solenzara pour atténuer l'agonie du cocher !

PS : Jeunes pilotes, ne prenez pas exemple si ce document vous tombe accidentellement entre les mains, les règles ne sont plus exactement les mêmes... et c'était « un baroud d'honneur » !

VIVE l'ARMÉE DE L'AIR !!!

Une dernière anecdote avant mon départ dans le civil.

Arrivé pour la première fois à Boufarik en 1958, je n'y étais jamais retourné depuis 1961, date de fin de mes trente mois de participation du « maintien de l'ordre » en Algérie.

Nous sommes le 28 avril 1982. J'ai été désigné pour aller présenter l'Alpha Jet de Dassault/Breguet. Plus exactement nous sommes chargés d'emmener l'équipe technique Dassault et son matériel à Boufarik.

La mécanique de la 61e escadre nous affecte le C-160 n°11. Le Poitou profite de cette mission pour me demander de faire passer les épreuves commandant de bord au sieur Chapron. Je le ferai avec grand plaisir d'autant plus que ce sera probablement la dernière fois que j'aurai l'honneur et le privilège d'exécuter un tel acte.

Boufarik est une base militaire et, comme à l'accoutumée dans les pays du Maghreb, un espace culturel arabo-berbère. Il convient de faire un premier atterrissage sur un terrain civil pour les formalités… et la fouille au corps !

Ainsi le premier contact physique avec l'Algérie se fera à Alger Maison-Blanche. Tout ira bien, les autorités locales oublieront de nous confisquer nos devises françaises, ce qui nous permettra de faire illégalement de bonnes affaires !

Le saut Maison-Blanche-Boufarik s'effectuera à basse altitude, me rappelant les vols hélicoptère quelques années en arrière. L'atterrissage sur cette piste qui me fait revivre mes 20 ans me rend affreusement et anormalement nostalgique… !

Heureusement nous sommes reçus avec beaucoup de simplicité et gentillesse au point d'en être personnellement étonné.

Alors que je reste figé sur le Tarmac en fixant longuement la colline de Chréa, petite commune de la wilaya de Blida, le commandant, patron de la base aérienne, s'approche de moi et me glisse discrètement :

« Mon Commandant, à voir votre regard je pense pouvoir dire que vous êtes déjà venu ! » Surpris, je ne peux qu'acquiescer. Je suis en tenue militaire, mais j'ai retiré toutes mes décorations et pourtant le commandant ajoute : « Si ça se trouve nous étions face à face ! »

Je comprends mais ne réponds pas. Ce silence est un aveu mais contrairement à mes suppositions, c'est l'inverse qui se produit. Le patron de la base me sourit, me prend par les épaules de longs instants sans mot dire. Je crois même que nos yeux ont versé une larme furtive de soldat…

Puis se ressaisissant, de m'annoncer que nos chambres sont retenues rue d'Isly à Alger et que sa DS Citroën de fonction est à notre disposition avec chauffeur, pour notre séjour qui durera une semaine. Je n'en reviens pas !

Les formalités d'usage effectuées j'invite l'équipage à rejoindre notre hôtel, après avoir pris congé de nos hôtes.

Certes, la suspension des DS est connue pour sa souplesse mais le voyage Boufarik-Alger me parut si confortable que je fais cette remarque qui amusera le militaire chauffeur : « La chaussée n'est pas parfaite mais il n'y a pas davantage d'ornières qu'il y a 20 ans ! » J'ai continué durant tout le séjour d'affirmer cette constatation. Ainsi ils n'avaient pas touché aux ornières... mais ils ne les avaient pas agrandies ! Tout un symbole pour ce pays renaissant et livré à lui-même depuis 1962 !!!

Il est de rigueur que le soir venu l'équipage solidaire dîne en ville et passe la soirée un peu à l'aventure... Cela ne manquera pas aux traditions, sauf que leur commandant de bord que je suis déclare forfait. En effet j'ai des difficultés à marcher, m'étant luxé les ligaments croisés du genou gauche. Ce n'est pas une raison pour que j'aille me coucher comme les poules ou avec elles, boutade ! J'ai mon idée. Les fêtards ayant déguerpi, je sors à mon tour et hèle un taxi sans difficulté. La rue est propre et calme, on sent la discipline et le respect des habitants, toujours le même constat qui se précise. Le chauffeur a vite reniflé le *French Boy*.
« Où voulez-vous aller Monsieur ? »

Hésitation de ma part mais encouragé par son attitude rassurante j'explique que je souhaite simplement visiter les principaux quartiers de la ville et qu'une légère « intrusion » dans la médina me ferait plaisir.

Mon étonnement sera encore au rendez-vous... Ce chauffeur que je n'ai jamais vu commence à me raconter sa vie. Il faisait partie du FLN (Front de libération national). Il a lui aussi deviné que nous étions face à face lorsque, arrivés sur le port, je lui parle de la DZ de Marcel Cerdan où les hélicoptères déposaient les blessés. Là il stoppe son taxi, se retourne et me dit :

« Comment savez-vous cela ? J'ai été moi-même blessé et transporté avec un Sikorsky sur cette DZ de Marcel Cerdan et ensuite à l'hôpital Maillot où je fus soigné, sinon je serais mort au combat ! »

Vous n'allez pas me croire mais rares sont les circonstances où l'émotion est aussi forte, le temps peut-être, ou simplement deux soldats devenus âgés qui découvrent qu'à 20 ans, ils étaient ennemis ! Encore dans cette situation imprévisible je constate un total manque d'animosité mais plutôt de la fraternité. Quelle agréable surprise...

À ce moment précis, mon ami arrêtera son taximètre. Il me promènera jusqu'à trois heures du matin et refusera toute forme de dédommagement.

C'est une de mes rencontres les plus émouvantes... merci Allah !

Pour terminer l'aventure de cette soirée mémorable, j'émets l'envie de pouvoir faire un achat pour ramener un souvenir à mes enfants et mon épouse. Je pensais que mon frère chauffeur me donnerait une adresse pour le lendemain. Pas du tout, nous voilà profondément enfoncés dans la médina à deux heures du matin, et il m'entraîne chez un de ses amis commerçant. La situation n'est pas commune vous l'avouerez, mais là où je la trouve drôle, c'est qu'après avoir fait mes choix et que les paquets sont consciencieusement ficelés je propose de régler la facture, logique me direz-vous et je sors les fameuses *french devises*. Stupeur du marchand qui blêmit et m'attire dans l'arrière-boutique. Je pense être moi-même couleur blanc d'œuf !

Deux heures du mat, en pleine médina et personne ne sait où je suis. Rappel : lors de mon premier séjour, il était totalement déconseillé de traîner ses guêtres en ces lieux jugés dangereux, vous me suivez j'espère ? Bref !

Le gentil commerçant, après m'avoir tiré les vers du nez au sujet des devises me propose de payer avec et divise la facture par deux. J'apprendrai que ces devises remontaient dans des comptes en France et qu'il faisait une bonne affaire, le dinar ayant peu de valeur sur le marché international.

En fait tout le monde y trouvait son compte, mais cette petite aventure aurait pu mal tourner.

Le DESTIN encore !

À trois heures mon taxi me déposait à l'hôtel où heureusement j'occupais une chambre individuelle. L'équipage aurait pu penser que j'avais passé la nuit au *Sphinx*... chut !

La semaine se passa normalement, toujours particulièrement choyés par nos hôtes et courtisés par l'équipe de Dassault qui avait besoin de notre aide. Les repas nous étonnaient par la qualité et la diversité des menus. Pas d'alcool à table, bien sûr !

Nous allions de surprise en surprise et la petite dernière nous sera présentée le vendredi jour du départ. Alors que nous vaquions aux occupations classiques des préparatifs, le commandant de la base vient vers moi et me demande poliment de faire ouvrir les portes (rampes) arrière de la soute.

Je suis très étonné car nous n'avons rien à charger. C'est à ce moment qu'un camion GMC vient se coller au plancher du cargo. Le commandant me dit simplement : « C'est pour vous et votre équipage ainsi que pour le personnel de Dassault ! » Je n'en reviens pas mais ce sera pire quand je me rendrai compte qu'il y a presque une tonne de « marchandise » : des fruits, dates, agrumes et surtout des caisses de Boulaouane de Koutoubia.

À tel point que j'avais peur de la douane à Istres, première escale pour la maison Dassault.

« Pas de souci Mon commandant, l'affaire est réglée ! » vient me rassurer le responsable de l'équipe de Serge D. Et c'était vrai.

De retour à l'escadre et profondément ému par une telle fraternelle réception, j'ai la bêtise de téléphoner à l'état-major à Paris pour un compte rendu spontané et pour lui soumettre l'idée folle de leur envoyer deux caisses de champagne pour affirmer notre reconnaissance. « Foutaise Daroux, ils ne boivent pas d'alcool... Ce serait une provocation ! » *THE END...*

Interlude

Certes, je resterai attaché à l'Armée de l'air jusqu'au 13 mai 1988, date à laquelle je serai mis à la retraite, tout a une fin ! Cependant j'effectuerai ma dernière présentation du Transall le 5 septembre 1983, au Havre, alors que je travaille déjà en entreprise.

Il va sans dire que de 1961 à 1983, année où je quitte l'uniforme pour entrer dans une entreprise qui gère, en partie, la sécurité du site de La Hague où est implantée l'usine de traitement des déchets radioactifs, j'ai quelques aventures aéronautiques.

Mon dernier vol comme pilote commandant de bord le 30 mars 1984 sera : Orléans-Berlin-Orléans. Bien sûr, j'ai pleuré... sensiblement 14 000 heures de vol militaires et tant de souvenirs !!!

Premier contact avec le civil

Cela commence par une projection de huit mois de stage à la chambre de commerce et d'industrie de Paris à compter du lundi 29 août 1983. En fait je ne suivrai que partiellement le programme fort intéressant d'ailleurs, car je suis déjà appelé, grâce au colonel Gallinier responsable de la sécurité du site de La Hague, treizième personnage de la Cogema.

Je rejoindrai donc Cherbourg et serai responsable de l'agence APS (Agence de protection et sécurité) qui assure, entre autres, la sécurité des lieux où l'entreprise SGN (Société générale pour techniques nouvelles) travaille à finaliser le site.

Nous fournirons quelque cent cinquante personnels parmi lesquels un grand nombre de secrétaires. J'ai eu comme client, un interlocuteur de poids en la personne du colonel C., encore un ancien militaire de l'Armée de l'air.

Il faut peut-être préciser, qu'à l'époque, il restait quarante-cinq hectares à construire, la Cogema devant étendre ses possibilités, donc accroître le nombre de piscines et de bâtiments.

Laissant la famille à Orléans, je vivrai à Cherbourg en célibataire et à ce titre, toujours officier en activité (mais censé être détaché en stage à Paris) je serai admis au cercle naval en plein centre-ville. Venant de passer au grade de lieutenant-colonel, il me sera même octroyé la chambre de l'amiral quand il n'était pas de passage. J'avais la statue de Napoléon 1er juste en face et vue sur le port côté gauche. Que rêver de mieux ?

Pas de grands événements durant les dix mois qui s'écoulent avant que je rejoigne le siège de la société à Rouen. En fait j'apprends le métier sur le tas... chapeauté par un certain Sohier responsable de l'agence de Caen qui n'a pas du tout l'esprit militaire. C'est d'ailleurs à cause de nos divergences de vue... que je quitterai Cherbourg pour Rouen.

Rouen

L'agence de Rouen est située en plein centre dans le parking acheté par le P-D.G. de l'entreprise.

J'occuperai le poste de responsable des moyens généraux et inspecteur des agences de la société, une dizaine environ. Il me semble être mieux adapté ; après un an d'expérience j'ai eu le temps de faire le point et d'apprendre. Responsable de la centrale d'alarme, nous avons un nombre impressionnant de banques à surveiller jour et nuit.

La société assure le ramassage de fonds et pour cela quatorze camions blindés sillonnent les rues de Rouen et les chemins de la région. Ce département m'intéresse ; il convient de maintenir en condition les équipes, trois personnes par camion : le chauffeur et deux agents, l'un assure la sécurité et l'autre transvase les sacs de billets et pièces. Ils sont armés de revolvers 357 Magnum et doivent régulièrement s'entraîner au tir pour maintenir une certaine adresse comme les militaires. Ces exercices que j'encadrerai durant cinq ans se font en présence d'un ou plusieurs policiers au stand de tir de la société APS.

Un département assez imprévisible dans ce type de société, le comptage de l'argent. Au sous-sol de l'entreprise, se trouve un certain nombre de machines à compter les billets... et de charmantes compteuses !

Ces personnels sont également chargés de post-marquer les chèques, de les répertorier et les faire acheminer correctement. L'étonnant est qu'en cinq ans, je ne me souviens pas avoir eu un seul litige avec les banques. Les Rouennais sont très honnêtes !

Personnellement, entre autres, je dois tous les matins et tous les soirs assurer les mouvements des sacs de fonds. Le matin, le 375 Magnum à portée de main, je dois sortir les sacs des quatre immenses coffres pour les dispatcher dans les camions, en fonction de la tournée d'affectation. Le soir c'est le chemin inverse ; les camions reviennent après le ramassage de fonds dans les banques et il convient alors de les entreposer dans les coffres, jusqu'au lendemain matin... et ce, sept jours sur sept !

Heureusement, le chef d'agence me remplaçant le samedi me permettait de prendre le week-end pour rendre « visite » à la famille restée à Orléans. Excepté certains samedis matin quand il y avait entraînement cynophile. Il convenait de se rendre sur le terrain adéquat avec les maîtres-chiens et d'assister aux exercices de dressage. J'avais pensé à ce moment-là acquérir des dons pour dresser mon épouse, peine perdue, j'ai échoué... (boutade bien sûr !). J'étais chargé alors de faire un compte rendu au patron... et je prenais la route en début d'après-midi.

Et enfin, le département ADS, agents de sécurité en nombre le plus important. Mais ce qui ne faisait pas partie de ma culture était le *turn over* qui avoisinait les 100 % dans certains cas. La sentinelle postée chez le client avait une « épée de Damoclès » sur la tête, car à la moindre défaillance c'était la porte immédiatement. Certes, ces sentinelles n'avaient pas toujours l'esprit militaire, de plus ils étaient mal rémunérés, mais ils devaient avoir un casier judiciaire vierge ! Pour les convoyeurs de fonds, il suffisait de l'émission d'un chèque sans provision pour qu'ils soient « persona non grata » dans le métier au demeurant dangereux. Mais ils étaient fiers de porter le 357 Magnum. L'ADS lambda les respectait.

Comment s'assurer que les personnels en poste faisaient bien leurs rondes et ne dormaient pas ?

Il y avait un circuit balisé et un appareil qui permettait d'enregistrer l'heure de passage.

« Pas suffisant Daroux, il convient de faire des inspections régulières ou inopinées ! » Rôle de l'officier de garde en fait ! J'ai donc passé des années à faire X rondes de nuit, comme de jour d'ailleurs, dans les usines et établissements clients de Cherbourg et Rouen et leurs larges environnements. Ainsi, la permanente de nuit de l'Hôtel du Commerce de Rouen me réveillait aux heures que je lui indiquais la veille au soir. Mais j'avais surtout le talkie-walkie grande portée sur la table de chevet et il n'était pas rare que l'alerte soit donnée en plein sommeil, magasin, banque ou usine visités ou cambriolés... et c'était parti pour le restant de la nuit à constater les éventuels dégâts avec la police qui était toujours dans le coup, sur notre demande. Le lendemain il convenait de régler les éventuelles défaillances. Bref !!!

Donc toute une population de jeunes et moins jeunes « soldats » à surveiller et à gérer. L'embauche et la « débauche » étaient l'œuvre du chef du personnel ou chef d'agence qui coiffait généralement tous les services, appelé maintenant DRH (directeur des relations humaines).

À Cherbourg je n'avais pas pu me résigner, donc m'adapter à ce type de « job » et j'avais tort ! Le client paie pour un service, on le lui doit. L'ADS qui s'endort à deux heures du matin, s'il est surpris, vous devez le licencier me disait le P-D.G. Je ne savais pas le faire et sans la « couverture » du responsable sécurité de la Cogema, je n'aurais pas fait le poids comme cadre dans cette grande et belle société APS au sein de laquelle j'ai beaucoup, beaucoup appris !

Et monsieur B., le P-D.G. de me dire : « Vous, officiers supérieurs, avec vos gants beurre frais et votre gabardine bien taillée, m'amusez ! Il me faut des gens de terrain... et mettre la chose en pratique ! » En effet, en cinq ans je pense avoir vu postuler officiers et officiers supérieurs pour un poste de chef d'agence, chef des moyens généraux ou du personnel... sans qu'un seul ne soit retenu. Il ne faut pas en conclure que le P-D.G. n'aimait pas les militaires, il leur reconnaissait des vertus, mais les jugeait inadaptés au métier. Il avait raison, le recul m'autorise à le dire. Enfin je le remercie d'avoir eu la patience de me supporter et de m'instruire. Il avait été à Marrakech en même temps que moi, en 1957 et c'est peut-être la raison pour laquelle il m'avait pris « sous son aile » !

Jusqu'au jour où les événements me sont devenus intolérables et honnêtement je dois l'avouer, ma réaction n'a pas été acceptée, à juste titre, par mon hyperdynamique P-D.G.

Chronologie du retour à l'aviation légère

C'est en août 1974, alors militaire au GMT 0054 Orléans à N'Djaména que je resserre les liens avec l'aviation légère. D'abord à l'aéroclub local sur Cessna 172 et Piper 180.

Comme déjà narré, nous montons la Section vol moteur au même titre que la Section hippique, ski nautique ou tennis. Il fallait bien quelques distractions après la sieste...

Ce sera le 28 octobre 1974 que j'aurai le plaisir et l'honneur de faire le premier vol école sur le Jodel DR 220 F-BOZO, en tour de piste. Ensuite les vols s'enchaîneront jusqu'à ce que le devoir m'appelle en France à l'escadron Poitou d'Orléans-Bricy.

À compter du 21 mai 1977, je reviendrai à l'aviation civile en entraînant Jacques Clostermann sur Cessna 404 et 411 pour le préparer aux certificats de pilote de ligne. Ce sera sur le terrain de Saint-Denis-de-l'Hôtel où son avion restait basé.

Ainsi, tout doucement mais sûrement, je quittais l'Armée de l'air et nouais avec l'aviation légère.

C'est à l'aéroclub de Saint-Denis-de-l'Hôtel que je fais connaissance avec le chef-pilote, ancien chasseur de la même arme qui me propose de devenir un de leurs instructeurs.

À cette époque j'avais rejoint SGS, une société de gardiennage et de sécurité à Grenoble.

Un mot sur cette société que nous avions décidé de créer avec un commercial venu de Rouen. Cela partait bien mais l'aviation me « titillait » un peu trop !

C'est alors que j'ai eu l'opportunité d'effectuer un vol sur hélicoptère R22 sur le terrain Le Versoud situé au nord de Grenoble. J'apprenais qu'il m'était possible de faire un stage de recyclage de quinze jours pour réactiver mes qualifications d'instructeur civil pour l'aviation légère.

Déjà sur place pour le job, il ne me restait plus qu'à prendre contact pour intégrer une promotion le plus rapidement possible.

C'est ainsi que le 14 mars 1989 j'étais rattaché à une équipe de pilotes venant d'horizons divers, un CDB sur Concorde, le chef-pilote des Canadair, un jeune de 25 ans.

Nous servirons un peu de « cobayes » pour remettre les procédures au goût du jour.

Me voilà le pied à l'étrier pour un nouveau départ dans les airs.

La première idée était de passer le « flambeau » à mon fils. Il sera d'ailleurs pilote de chasse.

Je considère comme une réussite d'avoir su passer le témoin à mon propre descendant dans une discipline particulièrement difficile et exigeante. Mais ô combien passionnante !

J'aurai tout loisir pour ce faire, d'utiliser les moyens de l'aéroclub de Saint-Denis-de-l'Hôtel mis à notre disposition. En effet, les semaines passent mais le travail à Grenoble ne m'intéresse plus beaucoup...

Aéroclub Hispano Suiza – Héli Inter

Un jour, en lisant *Info Pilote*, journal édité par la FFA, Fédération française de l'aéronautique, une annonce attire mon attention : « Grand aéroclub de la région parisienne cherche instructeur... » Nous arrivons aux vacances d'été, la famille est toujours à Orléans. Et si je me payais la fantaisie de passer ce mois de juillet 89 dans la région parisienne ?

Il y avait un numéro de téléphone sur le canard. J'appelle donc et je tombe sur maître C. notaire à Neuilly et président du plus grand club à l'époque.

À ma grande surprise il me donne rendez-vous quelques jours plus tard à son étude. L'entretien se passe au mieux et sa proposition me convient. Certes je ne dormirai pas très bien cette nuit-là. Encore changer de « crémerie »... oui, mais l'idée de revenir à l'aviation commerciale me triture les méninges. Après tout, qui n'essaie rien n'a rien !!!

Voilà, cher lecteur, comment une nouvelle carrière s'ouvre à moi... la troisième !!!

Ainsi, le 1er juillet 1989, je faisais mon premier vol sur Cessna 152 F-GNID à Pontoise-Cormeilles au sein de l'aéroclub Hispano Suiza ACHS, le plus prestigieux de France.

1989 était encore une année porteuse pour l'aviation commerciale. Les candidats affluaient. J'étais célibataire géographique donc hyperdisponible et brûlant d'envie de renouer avec Icare.

De plus je pense avoir une expérience du métier qui tranchait un peu avec l'environnement. Les heures et les élèves augmentaient de jour en jour. Le club avait de gros moyens et finalement me rétribuait presque autant qu'un copilote d'Air

France. De plus, la relation était conviviale... enfin tout cela me convenait. J'y resterai treize ans et ferai plus de 10 000 heures de vol en qualifiant plus de 120 pilotes privés.

Rencontre fortuite mais qui m'a été très utile également... Le 27 janvier 1990 je suis témoin de l'arrivée sur le terrain d'un superbe hélicoptère Écureuil AS 350. À ma grande surprise je vois descendre Michel Polacco le chef pilote de l'ACHS, mon chef ponctuel dans l'aviation privée.

— Eh bien Michel, je ne savais pas que tu faisais de la voilure tournante !

— Mais si, j'ai passé mon CPLH pilote professionnel aux États-Unis !

Diantre... je suis impressionné, il porte une combinaison blanche immaculée, on dirait une apparition céleste comme l'ange Gabriel !

Alors timidement j'ose avancer l'information qui me brûle les lèvres ; « Michel, ce n'est pas pour paraître, mais l'hélico est mon premier amour et mon CPLH est toujours valide. Je dois avoir quelque 3 000 heures de voilure tournante surtout sur Sikorsky et récemment sur BELL 47 ! »

Surpris mais sympa, il me propose de faire un petit « galop » en tour de piste... Là, le roi n'est plus mon cousin ! Nous faisons deux tours de piste ce qui me mettra le pied « au palonnier » de ce type de machine.

Merci Michel, grâce à toi j'ai fait douze ans de « Da roue de secours » ainsi nommé par la secrétaire d'Héli Inter. En effet, le lendemain arrivait Alain Sauton chef pilote de la compagnie HI (après Héli France et Héli Union) pour me demander si j'accepterais de donner un coup de main... au coup par coup. L'aventure commence le jour suivant, Alain déboule sur le terrain avec un bel Écureuil. Je n'en avais jamais fait et c'est là le plus drôle, après une demi-heure d'entraînement il me dit :

— OK, je reviens demain matin pour les autorotations.

— Ah, ça va vite dites-moi !

Ainsi, après deux fois une demi-heure d'entraînement sur Écureuil A350, me voilà qualifié. C'est un vendredi... je fonce voir le directeur de l'aéroport de Pontoise habilité à mettre ma licence à jour, ce qu'il fait de bonne grâce.

Ma première prestation sur Écureuil A350B F-SNDP est programmée pour le lendemain samedi 26 mai 1990. Il s'agit d'aller chercher la machine à Helidan, société commerciale d'hélicoptères située à Toussus-le-Noble. Cette mission consistait à déposer les membres d'une grosse entreprise parisienne sur le terrain de golf de Mont-Griffon pour un repas d'affaires. Les passagers étaient à embarquer à l'héliport de Cergy Saint-Ouen-l'Aumône. Arrivé à Toussus, le patron d'Helidan me demande mon expérience sur Écureuil… et je lui annonce une heure… il va s'évanouir ! Je fais semblant de ne pas comprendre et lui dis que je suis un ancien pilote d'hélicoptère de l'Armée de l'air. Il n'insiste pas et n'exige même pas de voir ma licence… chose totalement impossible à l'heure où j'écris ces modestes lignes. Bruxelles ayant mis de l'ordre… trop d'ailleurs et pour ne rien obtenir de plus au plan sécuritaire. Bref !!!

Après avoir consulté et vérifié les papiers de « mon Écureuil » me voilà devant la machine, magnifique au demeurant, mais quel n'est pas mon étonnement de la découvrir « juchée » sur une remorque américaine dite « 40 pieds » aussi étroite que l'écartement des patins de l'Écureuil.

J'ai des sueurs. L'enlever sera facile mais l'y remettre, ce soir… il n'y a pas 10 cm de marge entre les patins et les bords de la remorque ! Qu'importe, on verra bien !!!

En fait, je passe mon temps de liaison entre Toussus et l'héliport de Cergy à découvrir l'essentiel de la bête, heureusement j'avais passé la veille à potasser le manuel de vol. La mission se passera très bien. Merci mon Dieu ! J'ai aussi le souvenir d'avoir été invité à déjeuner par les autorités de l'entreprise en question. Invitation que je déclinai évidemment car j'étais prestataire de services… mais surtout je préférais me restaurer aux cuisines avec de charmantes serveuses, les frais d'une conversation à thème m'étaient ainsi épargnés… le thème des cuisines me convenait bien mieux !

Le soir venu, après avoir déposé mes passagers à l'héliport, je poursuivis ma route aérienne sur Toussus où je ne remis pas la machine sur la remorque !!!

Ainsi ce 26 mai s'ébauchait un nouveau profil d'action aéronautique sur hélicoptère, ma première passion, grâce à Michel le journaliste de *France Info*. Merci Michel de m'avoir aussi, sans trop « rouscailler », permis de continuer à former des dizaines de pilotes privés à Hispano Suiza avec l'aval du président, maître C.

Cher lecteur, je vais avoir plaisir à vous raconter quelques vols qui me restent en mémoire.

Le 14 décembre 1990 sur l'Écureuil F-GAHZ, c'était une visite fort sympathique du Mont-Saint-Michel mais un peu grisé par mon premier contrôle en ligne sur hélicoptère géré par Alain Sauton, chef pilote à Héli Inter.

Le 23 mai 1991, je ferai un premier vol sur Dauphin mais sans suite car l'intention de ce lâcher machine n'était pas louable. J'en resterai là à propos de ce magnifique engin.

Magny-Cours : circuit automobile de Formule 1

Le 7 juillet 1981 a lieu le premier Grand Prix de Formule 1 sur le circuit tout neuf de Magny-Cours. Circuit qui serait l'œuvre du ministre des Finances de l'époque Pierre Bérégovoy, citoyen de Nevers et du président de la République. Merci Tonton !

Pressenti par Héli Inter, j'assure la liaison Issy-Les-Moulineaux-Nevers avec passagers. Puis mise en place sur cet aéroport pour transporter les futurs spectateurs arrivant par avion mais ne pouvant accéder sur le circuit totalement isolé en campagne, sans voie d'accès terrestre.

Il est prévu trois points d'embarquement situés à environ six ou sept minutes à vol d'oiseau. Ce sont une centaine d'hélicoptères qui feront ces liaisons, excusez du peu !

L'aéroport de Nevers sera l'un de ces points et j'y serai affecté.

Jusque-là rien d'extraordinaire. La routine pour un cocher de voilure tournante habitué à honorer avec beaucoup de plaisir, ces services toujours très agréables grâce à la curiosité des passagers qui, assez régulièrement, découvrent l'hélicoptère.

Ce sera le cas de la personnalité transportée ce 7 juillet.

Après avoir débarqué mes passagers anonymes, le chef d'escale d'Héli Inter me dit d'attendre patiemment ses directives pour assurer les « sauts de puce » aéroport-DZ de Magny-Cours lorsque les amateurs de Formule 1 débarqueront des avions de provenances diverses et de Paris en particulier. Il nous a été ordonné de revêtir la tenue conforme du personnel navigant avec galons... j'épinglerai même la Légion d'honneur car il faut reconnaître que l'événement est de taille, vu l'investissement !

Me voilà donc campé à l'arrivée des avions. J'y rencontre un lieutenant-colonel de l'Armée de l'air que j'avais comme élève pilote en son temps. Il joue l'homologue du chef d'escale civil d'Héli France, ce qui annonce l'arrivée d'appareils de l'État.

Ce collègue m'explique que deux Puma, hélicoptères militaires, sont en attente de deux Falcon en provenance de Villacoublay, l'un transportant François Mitterrand, président de la République, l'autre Pierre Bérégovoy ministre des Finances de l'époque.

« Diantre, le beau monde ! » lui susurré-je dans la trompe d'Eustache.

C'est à ce moment que stoppe devant nous le premier Falcon. Le chef d'escale se précipite dehors tout sourire... Nous ne bronchons pas, sans doute rompus à ces situations. Nous nous attendons à voir descendre « Tonton » (surnom affectueux) et non ! C'est le ministre.

Le Président arrivera cinq minutes plus tard. Notre surprise est visible, des socialistes prônant l'économie et la bonne gestion, incapables de voyager dans le même appareil. Il doit y avoir une raison, à vous de la découvrir !

Pierre Bérégovoy tracté par le régulateur qui s'évertue à le guider vers un Puma militaire est subitement attiré, je pense par ma belle allure... de légionnaire ! Il se dirige vers moi au grand dam d'Héli France. D'un naturel timide, je sors de ma réserve, et aidé par l'officier supérieur à mes côtés, j'ose prononcer : « Voulez-vous, Monsieur le Ministre, que je vous transporte sur le circuit ? »

À mon grand étonnement, il me prend par le bras et me répond aimablement : « Oui » et d'ajouter qu'il convient de faire suivre ses deux gardes du corps. « Bien entendu Monsieur le Ministre ! »

Et nous voilà partis vers mon bel Écureuil AS 350 F-GAHZ. Le chef d'escale risque l'évanouissement !

Embarquement terminé, le ministre en place avant à ma gauche, les gorilles derrière, Pierre me demande de faire vite car il est pressé. La turbine est temporisée à 100 % de son régime et je m'apprête à tirer sur le collectif pour décoller et là... un diable surgit devant la machine ! C'est le chef d'escale, bras en croix qui me fait signe de couper. Je jette un regard inquiet à monsieur le ministre qui hausse les épaules et arbore un air de découragement. Le chef d'escale ouvre la porte de l'Écureuil et glisse à l'oreille du ministre : « Le Président veut que vous alliez avec lui dans le Puma ! »

Bon, à ce stade je pense que mon transit ministériel est terminé, bien que monsieur Bérégovoy me demande de me tenir prêt, ce soir, après la course pour le ramener à Nevers.

Vu la tournure des événements, j'esquisse un pâle sourire et prononce à peine : « Bien sûr Monsieur le Ministre ! »

Je n'irai pas voir la course bien qu'ayant une place réservée au soleil pour les équipages. Trop de bruit !!! Je suivrai à la télévision dans une salle d'attente mise à notre disposition.

C'est là que, pour moi, le plus émouvant se produit. En effet, presque tous les équipages sont partis, appelés par le régulateur des vols, lorsque la porte s'ouvre d'où font irruption deux malabars, les mêmes que j'avais emmenés. « Le voilà » dit l'un d'eux en me désignant du doigt.

Aïe ! Ça va être ma fête, j'ai dû faire une grosse « boulette ». Pas du tout, à ma grande surprise j'ai droit à : « Mais, Monsieur le pilote, le ministre vous attend dans la voiture, suivez-nous SVP ! »

Je crois rêver ! Je fonce, escorté par les deux gardes du corps vers l'Estafette Renault bleue en attente devant le hangar. La porte arrière gauche s'ouvre et le ministre m'invite à m'asseoir à ses côtés. Je m'exécute avec retenue de bon ton, pour ne pas le bousculer. Les quelque deux cents mètres qui nous séparent de l'hélicoptère se feront dans le ronronnement du moteur Renault jusqu'au moment où mon voisin de droite me pose la question : « C'est lequel votre appareil ? »

Je lui désigne alors l'Écureuil vert et blanc Hotel Zoulou. C'est avec émotion que je me remémore la remarque du ministre : « Ah, c'est le plus beau ! »

J'ai souvent repensé à ce qualificatif accompagné d'un sourire dévoilant une grandeur d'âme remarquable, en tout cas d'une amabilité sincère et sans doute d'honnêteté foncière !

Les événements concernant ce ministre des Finances, devenu Premier ministre ensuite, devraient le confirmer pour ceux qui sont convaincus de son suicide.

J'oserai rapporter une boutade, non irrespectueuse de la part d'amis pilotes qui, apprenant la triste nouvelle survenue au bord du canal de Nevers, me lancèrent : « Tu vois, lui non plus n'a pas supporté ton intransigeance de commandant de bord ! »

Pardon, Monsieur le Ministre. Je suis heureux de vous avoir rencontré !

Anecdotes

Le 23 février 1992, sur l'Écureuil F-GAHZ mon préféré, nous irons déjeuner en famille au château d'Esclimont près de Chartres. Mon fils Jean-Luc, à qui j'ai fait passer le brevet de pilote privé hélicoptère (PPH) sera aux commandes. Ma fille Cécile, musicienne, professeur au conservatoire de Paris et mon épouse auront une large place à l'arrière.

Il va sans dire que cette échappée exceptionnelle, dans ce cadre magnifique, aura été possible grâce à la générosité d'Héli Inter. Je crois que nous l'aurons tous appréciée à sa juste valeur !

Sur Dauphin, le 10 mai, la famille survolait Paris en empruntant un itinéraire imposé bien sûr, survol particulièrement délicat, compte tenu des restrictions !

Le 11 juin, voyage organisé par Hispano Suiza, nous serons accueillis sur la base d'Orléans-Bricy par le commandant de l'escadron Poitou. À cette occasion, l'Armée de l'air me fera l'honneur et le plaisir de me confier les commandes du Transall F-HY pour faire le baptême des membres d'équipage des quinze petits Cessna de l'aéroclub. Journée mémorable ! (voir photo).

Bruxelles

Le 29 juillet 1992, jour anniversaire de ma femme, amusant, décollage sur alerte ! Il conviendrait de partir le plus tôt possible pour charger 150 volants de Clio Renault à Flins et de les convoyer à Bruxelles avant midi, l'unité de production belge étant en rupture de stock ce qui entraînerait l'arrêt de la chaîne. Comme en Algérie en départ pour évasan, cinq minutes me suffisent pour être au volant de la voiture direction l'héliport. Ayant entendu cet appel mon épouse me dit :

— Je viens avec toi !

— Pas question, c'est du professionnel et tu ne serais pas assurée, de plus il n'est pas prévu par l'entreprise d'emmener des membres de la famille !

Et je démarre en trombe.

Arrivé aux opérations pour prendre les consignes, visite prévol faite par le mécano, je contrôle juste l'essentiel, le pétrole. Pressé j'en oublie de déposer le plan de vol. Je m'installe aux commandes et lance la turbine.

Stupeur ! Mes oreilles n'en croient pas mes yeux, la porte gauche de l'hélico AS 350 F-Hz s'ouvre... Bernadette Soubirou avait des apparitions... j'en ai une, c'est ma femme, malgré l'interdit, qui s'installe en place gauche et ajuste son casque ! Les aubes de la turbine en tombent... quel aplomb !!!

Il faut préciser que mon épouse est brevetée pilote privé et possède une certaine expérience. Elle connaît l'Écureuil car le week-end, il n'est pas rare que nous soyons invités par Héli Inter à faire des baptêmes de l'air dans des communes environnantes. Elle vend les billets... et il me plaît de rendre les clients plus ou moins malades... pour qu'ils en gardent un Vrai Souvenir. Bref.

Je bougonne mais décolle pour Flins. Posé en dix minutes et les 150 volants arrivent avec un seul manutentionnaire peu expérimenté. Le temps presse et Dieu trouve la solution. C'est ma femme, à l'arrière, qui assure le chargement pendant que je m'occupe de la paperasse. Puis c'est parti pour Bruxelles International.

Certes je me suis posé avec une libellule au milieu des gros-porteurs ce qui était assez exceptionnel. Un peu naïf, je fais bien sûr le trafic radio en anglais pensant que ma manutentionnaire ne mettra pas « son grain de sel ». Erreur, elle a passé sa QRRI[1], heureusement elle est restée au niveau de la phraséologie VFR[2].

À ce stade les clairances qui me sont données me bouleversent, après avoir annoncé ma vitesse max possible en finale 130 kt, le contrôleur me place entre un 747 en finale ILS[3] et un 320 si mes souvenirs sont précis. Je pense que le contrôle n'a pas compris mon type de machine... je trouve cela très drôle et ne dis rien... et surprise, tout se passera à merveille, sans une seule interrogation !

J'ai toujours estimé que les Belges étaient sympathiquement à part, mais là, j'en ai la preuve. Arrivés sur le Tarmac où nous étions attendus, les volants déchargés illico presto, nous rentrons immédiatement à l'héliport, après avoir « refuelé » évidemment !

Dernière liaison sur Transall C-160 F-ZJ le 30 mai 1993 : Villacoublay-Toulouse Francazal-Villacoublay. Un bonheur mais ça sent la FIN !

Le 9 février 1994, sur Bell 47 F-EI, je retrouve lors d'un test mon aptitude « Instructeur examinateur hélicoptère » (IATH), ce qui me permettra de former mon fils au pilotage de la voilure tournante. Je l'aurai suivi jusqu'à son intégration dans l'Armée de l'air. Il volera seul sur Bell 47, pour la première fois le 1er août 1994. Il sera PPH très rapidement.

Au passage, en feuilletant mon carnet de vol, j'observe un petit fait marquant, la qualification MEP[4] bimoteur sur Baron 58, de mon fils.

Le 18 mai 1994, sur Bell 206 Ranger, j'entamerai la formation au PPH de madame V. ; elle sera propriétaire de la machine F-EI.

1. Qualification restreinte de radio internationale.
2. *Visual flight rules.*
3. *Instrument landing system.*
4. *Multi engine piston.*

Mes briefings seront des moments hors du temps. En effet, l'emplacement choisi par ma charmante élève se trouvait entre un aquarium géant d'eau de mer situé dans notre dos et la piscine intérieure en face. La soubrette de la maison n'hésitait pas à venir régulièrement demander : « Madame n'a besoin de rien ? »

Il y a des moments où je ne regrettais pas du tout d'être instructeur et je n'approfondirai pas mes explications. Ce n'était d'ailleurs pas peine perdue puisque cette brillante élève obtenait 100 % de bonnes réponses au théorique et fit un examen en vol remarquable. Merci Dany !

Magny-Cours Formule 1, ça durera quelques années encore. Il m'est arrivé de transporter plusieurs autres personnalités, en particulier des champions automobiles tels que Lewis Hamilton et Nigel Mansell.

Ces sportifs d'une adresse hors du commun, aux réflexes surhumains, sont heureux et me remercient chaleureusement de les avoir laissés « caresser » le cyclique et le collectif, sans oublier les palonniers de l'Écureuil. J'en garde un excellent souvenir.

Mais aussi des acteurs ou animateurs connus. C'est ainsi que le 3 juillet 1994 embarquait à Issy-les-Moulineaux, toujours sur l'Écureuil F-HZ, Yves Rénier, alias commissaire Moulin, accompagné d'une superbe créature (cliché). L'un comme l'autre refusera de prendre la place gauche du copilote. Déception pour la jeune femme et l'intérêt de la conversation au féminin pour le pilote. Étonnement quant à la réaction du commissaire qui a refusé de prendre les commandes. Les commissaires ne sont plus ce qu'ils étaient !

Plus tard je prenais à bord Nagui, grand animateur de plusieurs émissions télévisées, qui tournait un court métrage dans un domaine du Vexin, pour le conduire – plus vite que nature –, à Orly prendre un avion. En tant qu'instructeur je lui proposai la place du pilote qu'il accepta avec joie. Pas de panique, j'ai la maîtrise du sujet avec la double commande !

Le 29 août 1994, je ferai ma première mission sur Alouette II de la compagnie Héli Inter, pour effectuer des baptêmes de l'air (devenus depuis peu « Vols découverte », allez savoir pourquoi...) à Moiselles, mon fils m'accompagnera.

En 2003, je reprendrai du service sur Écureuil AS 350, ceci pour entraîner et breveter des membres d'une famille aisée de Compiègne qui venaient d'acheter la flotte d'Héli Inter (le P-D.G. ayant pris sa retraite) afin de monter leur propre entreprise.

Fait rare, la DGAC me désignera examinateur de mes propres élèves.

Retour en aéroclub

La difficulté majeure pour un instructeur plutôt anxieux est de laisser partir son candidat en navigation dite « solo » 150 Nm (280 km) avec deux escales sur des terrains différents. Pour que le vol soit valable à mes yeux de vieux formateur, il convient de n'utiliser que la carte topographique et la règle. En vol, le cap doit nous maintenir sur la route et l'estimation du temps (ETE) entre deux points caractéristiques choisis représente l'image à reconnaître et à survoler pour lancer la branche suivante.

En tronçonnant la trajectoire en fonction de la base des nuages et de la visibilité, il est possible de faire le tour du monde sans autre moyen !

Voici quelques navigations « solo » peu ordinaires

Le 29 juin 1994, je programme une navigation à mon élève et épouse, Pontoise-Deauville et retour. Certes j'ai confiance puisque je suis son instructeur, mais laisser partir seul un membre de sa famille est extrêmement difficile, surtout quand il s'agit de sa « légitime ». Rendez-vous compte en cas d'accident...

Donc, sachant que je devais convoyer un Bell 206 Jet Ranger à Deauville, calculant l'heure à laquelle je pourrai être sur la fréquence, je lui donne l'heure de son décollage. Ainsi, après avoir quitté l'héliport de Cergy, je me planque avec ma libellule sur la route que doit suivre mon adorée et je la suis jusqu'à Deauville sans avoir à stresser.

Tout se passera bien et elle me ramènera d'ailleurs à l'aéroport de Pontoise. Je fus son premier passager. Cela s'appelle « joindre l'utile à l'agréable »... et je ne regrette toujours pas d'honorer cet adage.

Autre aventure, le 27 octobre, j'autorise un de mes candidats au brevet de pilote privé (TT à l'époque devenu PPL) à effectuer en navigation solo Pontoise-Bernay-Pontoise. Je lui souffle mes remèdes de « bonne femme ». Le pilotage c'est comme la cuisine, il suffit d'avoir les bonnes recettes.

En l'occurrence pour ce parcours, il convient, si on ne veut pas faire trop de zigzags, de traverser la TMA[1] d'Évreux, terrain militaire toujours en éveil d'autant qu'il est la chambre à coucher de l'Airbus A330 présidentiel. Une intrusion dans son espace sans contact radio et clairance (autorisation) de pénétration peut vite dégénérer en combat aérien... ou presque !

Or mon postulant, bien que potard de haut niveau, manque le point tournant décisif et pénètre dans la TMA, zone réglementée d'Évreux, sans contact radio... donc en infraction !

Mes recommandations résonnent à ses oreilles : « *si tu es égaré tu affiches le VOR[2] 111,6 Hz de Pontoise. Tu cherches "To" et tu mets l'aiguille au milieu. Il ne te reste plus qu'à lire le QDM en haut du cadran, QDM, route à prendre pour rentrer à la caserne* ! »

Il a su le faire car il n'a jamais trouvé Bernay.

Par contre, son demi-tour cap direct sur Pontoise le fait passer pile sur le beau terrain d'Évreux.

En cas de doute, croyez-moi, n'importe quel pilote sérieux, mais encore peu expérimenté, prend la décision salvatrice, quelles que soient les conséquences !

Et là, je trouve la suite de l'événement très drôle.

Donc, mon élève pilote voit une très belle piste, il ne cherche pas à comprendre, il ne pense qu'à sauver sa peau et se pose sur le terrain, sans un seul contact radio.

C'est Évreux-Fauville qui accueille habituellement le Transall de la 61e escadre du TAM (transport aérien militaire). Chance, piste longue et large à souhait qui peut même permettre le poser de deux C-160 côte à côte !

À ce stade, la sécurité militaire n'hésite plus... intervention immédiate avec les moyens nécessaires.

Maintenant c'est le côté cocasse qui prend toute sa saveur à l'heure où j'écris cette anecdote, après les événements de *Charlie Hebdo* !

1. *Terminal Mean Aera.*
2. *Very Hight Frequency Omni Directional Range.*

Comprenez… les gendarmes de l'air se précipitent, ouvrent la porte du Cessna et posent la première question au naufragé : « Pourquoi cet atterrissage sans autorisation ? » Bof, banal en somme !

La seconde pourrait être rigolote mais hélas n'en prend pas le chemin :

— *Your name please*, votre nom ?

— Ben Moh. ! (réponse toute calme).

À cet instant il se retrouve avec trois canons de mitraillette MAT 49 sur le nombril, dans un bruit de culasses qui rend les armes prêtes à l'action.

— Mon prénom est Jean et je suis pharmacien français, ose-t-il préciser. Trop tard !

— Montez dans la Jeep, on va vous conduire au poste pour tirer les choses au clair !

Et voilà mon élève en prison dans un premier temps.

Heureusement il a alors la présence d'esprit de dire que son instructeur est un ancien pilote de l'Armée de l'air.

L'information arrive aux oreilles du chef contrôleur qui réussit à me contacter à Hispano Suiza. Annonçant alors que je connaissais très bien le commandant en second de la base, le colonel Montagne qui avait été mon adjoint à l'escadre d'Orléans, je demande de me le passer au téléphone.

Les militaires sont rigides mais sympas. Après explications et mes doléances de ne pas interner mon potard, mon ami Montagne m'annonce mi-inquiet, mi-rigolard : « Oui, bien sûr, on ne va pas le pendre mais il y a un problème. La piste principale sur laquelle le Cessna s'est posé est interdite car elle vient d'être refaite par l'infra. Il faut s'assurer qu'il n'a pas laissé de traces sur le bitume sinon ça va lui coûter cher ! Enfin je vais voir d'arrondir les angles ! »

En effet, il les arrondira car le marchand de comprimés d'aspirine rejoindra Pontoise le soir même. Pour revenir à Évreux quelques jours plus tard, avec beaucoup de courtoisie et surtout avec deux caisses de bon champagne pour se faire pardonner. La piste n'avait pas été endommagée heureusement !

L'élève Ben Moh. arrêtera sa progression après être rentré de plein fouet dans la pompe à carburant d'Hispano Suiza ; aurait-il pris le pied de sa passagère pour la pédale de frein ???

Incident qu'il n'a pas supporté et, superstitieux, il n'a pas voulu s'exposer une troisième fois, comme le dit l'adage : « Jamais deux sans trois ! »

Être bon potard, bon ingénieur ou même un « ponte » en politique ne débouche pas systématiquement sur un bon pilote ! Celui-ci doit avoir, entre autres, des qualités simples mais sûres. Le facteur temps/réflexe est primordial.

Nouvelle anecdote... Il y a parfois des élèves qui vous concoctent des situations surprenantes que même Mermoz n'aurait pas imaginées.

Nous sommes en 1995 et j'ai une élève, Lili, originaire d'Europe centrale, d'une gentillesse inégalable qui a un gros défaut : elle est bavarde comme une pie !!!

Son niveau d'apprentissage doit lui permettre une navigation solo : Pontoise-Chartres et retour. La méthodologie est correcte, elle a la verve. Le Cessna 150 F-BUBS est prêt.

J'aime avoir au moins deux heures de battement entre le retour du candidat et le coucher de soleil. Bref !

Aujourd'hui, le 17 novembre, c'est largement suffisant. « Lili tu peux y aller, et n'oublie pas de faire signer ton carnet de vol à Chartres, preuve irréfutable que tu ne seras pas restée planquée à Étrepagny ! !! »

Et me voilà parti m'occuper d'un nouvel élève.

De retour je cherche immédiatement le Cessna et son pilote, absents tous deux, et c'est alors que le stress se pointe à la vitesse grand V, hélas plus vite que mon élève !

Je téléphone au contrôleur qui me dit ne pas avoir le F-BUBS sur la fréquence. Mes pulsations s'accélèrent... J'ai alors l'idée de prendre un avion et de monter verticale terrain pour écouter toutes les fréquences que Lili aurait pu utiliser.

Et là, à mon grand étonnement, je capte une conversation entre « ma Lili » et Roissy radar qui lui demande d'afficher 42,22 au transpondeur. Je suis surpris mais presque rassuré, à tort car la suite me déconcerte. La contrôleuse annonce ensuite à ma candidate qu'elle se trouve à dix nautiques au nord de Coulommiers.

Les écouteurs m'en tombent ! Partie de Chartres après avoir effectué une verticale Dreux, comment a-t-elle pu se trouver à l'est de Paris ???

Pour tout arranger, Lili n'y croit pas, elle rabroue la contrôleuse lui assurant que c'est impossible !

Heureusement, ma portée VHF me permet d'écouter et d'émettre. Aussi, avec l'accord de Roissy, j'interpelle mon élève qui, d'abord interloquée, me répète dans la foulée que c'est impossible d'avoir pu dériver à ce point.

Il faudra que je sorte « les griffes » pour lui imposer d'obéir au contrôle de Roissy. Ce qu'elle fera... et se posera à Coulommiers à la limite de la nuit. Ouf !

J'ai juste le temps de m'asseoir dans la salle de repos que la secrétaire d'Hispano Suiza m'appelle, le combiné téléphonique au-dessus du chignon. « Coulommiers » hurle-t-elle !

Bon, c'est encore Lili. Je t'en fous ! C'est le président du club m'annonçant que mon élève a raté son atterrissage et qu'elle se trouve immobilisée hors de la piste, dans la verte.

Je suis à bout, le cœur s'emballe, la respiration coupée, je suis sourd et muet... en fait je n'existe plus !

Nota : vous avez dans ce récit un exemple des épreuves que peuvent subir les consciencieux instructeurs bénévoles. Il faut avoir un grain de folie pour accepter cette responsabilité !

Débriefing pour rester dans le cadre aéronautique :

À Chartres, Lili est bien allée faire signer son carnet de vol... Oui mais elle en a profité pour « bavasser » une bonne heure avant de reprendre les airs. Je lui avais conseillé de suivre la route Chartres, Dreux. Ce qu'elle fit. Problème : elle oublie de recaler le compas directionnel au départ. Oubli qui, en prenant le cap prévu verticale Dreux, sera faux de 90°.

Cette erreur lui fera faire le tour de Paris... en contournant tranquillement, dira-t-elle, la tour Eiffel. Fin de l'histoire !

D'autres petites histoires me reviennent en mémoire...

Nous sommes en novembre, la nuit tombe assez tôt pour permettre un voyage de nuit sans avoir trop à attendre pour décoller. C'est sur le TB9 F-ZM unique au club, que nous embarquons à quatre et décollons pour un toucher à Amiens afin d'exploiter un PCL[3].

L'aller se déroulera sans problème bien qu'à quatre dans un monomoteur pistons, en vol de nuit, cela me donne des frissons

3. *Pilote Control Light.*

quand j'y pense, surtout que mon épouse a exigé de participer aux festivités de cette soirée, malgré ma réticence !

Retour classique avec la traversée de la TMA de Beauvais où nous croisons quelques *liners* d'Aigle Azur en particulier. Puis enfin, c'est le contact avec Pontoise Info. Il est tard, le contrôleur a normalement fermé la station et est rentré chez lui. Donc pas de réponse attendue mais nous aurons l'allumage des éclairages de piste avec l'interrupteur d'émission radiotéléphonie sur la fréquence de la tour de contrôle (TWR).

Et c'est la surprise désagréable qui nous attend : rien ne fonctionne et la piste reste dans le noir total ! Plusieurs essais sans résultat, c'est le silence « assourdissant » dans la cabine !

La règle prévue dans ce cas de figure, c'est le dégagement sur l'aéroport de Paris Le Bourget… loin d'être en ligne droite car il faut faire le tour de la capitale et rejoindre LFPB par l'est, soit une heure de vol minimum. Certes nous aurons l'autonomie c'est la règle.

Tous les occupants du TB9 sont pilotes y compris mon épouse. Le terrain de Pontoise est équipé d'un ILS (*Instrument Landing System*). À bord du TB9, le récepteur est en état de marche convenable.

Mes souvenirs d'instructeur IFR me rappellent qu'il n'était pas rare de jouer au « zéro zéro », c'est-à-dire me poser sans voir dehors, comme la Postale que nous avions entraînée sur Transall.

Pesant sérieusement « le pour et le contre », j'interroge mes occupants : « Dégagement ou poser sans éclairage de piste ? » La réponse fuse à l'unanimité : « On pose dans le noir ! »

Je prends alors les commandes et, comme dans tous ces cas de doute, je sollicite ma Bonne Étoile. Le Destin sera au rendez-vous, la procédure est rodée, je la pratique régulièrement pour garder la main, mais dans des conditions plus favorables et de jour. Aucun des occupants ne daignera d'ailleurs émettre un qualificatif ! Ils ne sont pas étonnés, ils savent que si j'ai proposé cet atterrissage sans visibilité j'en ai la compétence.

L'atterrissage fut parfaitement réussi. Cependant je me suis placé en totale infraction. Ce n'est pas la première fois, croyez-le, mais ce n'est pas un exemple à suivre !

Pour dépasser les limites il faut parfaitement se connaître et apprécier ses compétences du moment qui sont loin d'être une linéaire. En fait, il convient de ne pas surestimer ses moyens, il faut être confiant. Sinon s'abstenir !

J'apprenais discrètement que c'était le directeur d'aérodrome qui avait oublié d'activer le PCL (*pilot control light*) avant de quitter les lieux. Il est d'ailleurs resté longtemps sans s'en vanter « le Jean-Luc » !

Beaucoup plus tard il finira par vendre la mèche à un certain Michel P. qui, jaloux de ne pas savoir faire aussi bien, voulait me faire des reproches... Il aurait eu raison mais en temps réel. En différé cela n'avait plus aucune valeur !

Cher lecteur, gardez-vous de prendre exemple, c'était une autre époque !

Le stress et la responsabilité d'un instructeur peuvent se cristalliser dans l'événement suivant. Deux de mes anciens élèves devenus pilotes et commandants de bord me préviennent un beau dimanche en début d'après-midi qu'ils projettent de conduire leurs amies au bord de l'Atlantique pour une semaine et de revenir le soir même. Le voyage se fera sur un Cessna 172. Très bien. L'un est détective privé et possède la partie théorique du pilote de ligne, l'autre est ingénieur informaticien. Tous deux responsables et très sérieux et pourtant, là encore, le Destin guette.

Le voyage aller se passera parfaitement mais pour le retour il faut « refueler » et c'est alors que les problèmes vont s'enchaîner. Le plein de carburant doit se faire à une station automatique avec carte. Hélas le système ne fonctionne pas et n'apporte pas le service escompté !

Le temps presse et pour arriver de jour il faut repartir avec le carburant restant, quitte à se dérouter en cas de doute. Jusque-là attitude presque sécuritaire sauf que la protection météo prévoit un vent de face, certes modéré mais qui sera déterminant. De plus il y a risque d'orages...

Ainsi nos deux joyeux célibataires se voient obligés de louvoyer entre les cumulonimbus ce qui rallonge le temps de vol. Le moment est alors venu de dérouter sur Toussus-le-Noble (LFPN). Les jaugeurs sont à zéro. Les deux pilotes ont été trop confiants, leur destin prend les commandes.

En effet, à environ une dizaine de milles nautiques du terrain LFPN le moteur a des ratés... Il fait une nuit noire, ciel couvert huit octas[4] et la pluie (sans essuie-glaces, inutiles d'ailleurs avec le vent relatif dû à la vitesse).

4. Unité de mesure utilisée en météorologie. N.D.E.

C'est à ce moment précis que reviennent en mémoire à nos deux candidats au crash les conseils de leur instructeur. La consigne est claire : crash de nuit il est impossible de choisir et de distinguer le bon champ pour atterrir, sauf s'il y a un puissant clair de lune et c'est loin d'être le cas. De plus les phares du Cessna 172 ne permettront pas d'apprécier la hauteur par rapport au sol dans les derniers mètres. Il leur revient à l'esprit la méthode à appliquer : *le pilote de gauche aux commandes sort les pleins volets et adopte une vitesse minimum de sécurité. Il ne s'occupe que de son pilotage et de manière la plus stable possible. Le pilote de droite ouvre la fenêtre (s'il y en a une et c'est le cas) afin de gérer au mieux la trajectoire. Se diriger de préférence le long d'une route si possible pour obtenir des secours plus rapidement. Si ce n'est pas possible, attendre l'impact en embrassant saint Christophe !*

Ces règles ayant été parfaitement respectées, la chance aidant, le Cessna se pose en douceur sur les cimes d'arbustes bordant la route choisie. Il s'arrête rapidement, les cimes flexibles jouant le rôle d'amortisseur. Problème quand même, l'avion se met à la verticale, moteur dans les étoiles et l'empennage dans le gazon...

Les deux héros chanceux n'ont plus qu'à descendre des arbres.

Là sera le plus difficile, de nuit, descendre en même temps du singe et de l'arbre...

Tout se passera au mieux, seule une branchette mécontente d'être dérangée en plein sommeil se vengera en égratignant la joue du détective privé. Ouf, ça a marché !!! Parce qu'ils ont cru en la parole de leur instructeur et appliqué la méthode à la lettre. Y croire a effacé le côté négatif et leur a donné les moyens d'agir ce qui les a sauvés ! Si vous ne croyez plus, s'abstenir !

Là pourrait être mon seul souvenir mais c'est sans compter sur l'humour et l'excellent esprit de ces deux cochers. En effet, sur le coup des trois heures du matin le téléphone sonne :

« Allo ! Jean-Louis, ne t'affole pas mais nous sortons de l'hosto ! » et de m'expliquer leur infortune. Le temps de comprendre et de les féliciter, à moitié quand même, je leur conseille de prévenir le chef pilote Michel Polacco en pensant qu'ils vont en prendre une sévère. Eh bien non ! La seule question aurait été : « Y a-t-il des blessés ? Non ! Alors laissez-moi dormir ! »

Chapeau Michel ! La suite ne fut pas aussi douce. Mais l'essentiel était que l'équipage soit sorti indemne et c'était le cas. Une seule inconnue, que faisaient leurs épouses ce soir-là ? Auraient-ils eu une veine de c... ?

Hispano Suiza restera discret et l'incident sera relaté brièvement sur le journal local.

Le temps passe, les souvenirs surgissent !

Le 5 novembre 1998, j'ai le plaisir de faire une heure de vol aux commandes d'un TBM 700. Un de mes anciens élèves dans l'Armée de l'air et de l'espace sera mon guide. Ce fut une grande joie à plusieurs titres.

En mars 1999, l'aéroclub Hispano Suiza reçoit trois TB20, tout neufs, en location-vente. Ils seront mis à disposition pour faire l'instruction et la qualification RU (*Retracting Undercaridge*) et VP (*Variable Propeler*) nécessaire au pilotage de ces appareils dernier cri et rapides. Ces machines modernes dépoussièrent un peu la flotte des Cessna.

C'est d'ailleurs sur le TB20 F-GNZP (Zulu Papa) que le 15 août 2002, après avoir embarqué la famille savoyarde sur l'aéroport de Chambéry, nous irons faire le tour du mont Blanc, Cécile aux commandes. Cinq adultes à bord, il est un peu long d'atteindre les 4 811 mètres du plus haut sommet de France. Cécile y arrivera mettant au service du pilotage toute l'adroite subtilité qu'elle mettait à ses talents de flûtiste. Dans la soirée de ce jour peu commun, nous effectuerons le retour Chambéry-Pontoise en deux heures bloc bloc au FL125[5].

Ce sera la fin de l'épisode HISPANO SUIZA

En effet, à juste titre sans doute, la demande de mes élèves était si forte que, pour ne pas la refuser, je dépassais outrageusement les quotas mensuels d'heures de vol. L'alternative était cornélienne : satisfaire les élèves mais ne pas respecter le règlement ? Ou l'inverse ? Ne pouvant raisonnablement pas choisir, je décide, avec la poussée du *staff club*, de me démettre... et de changer de crémerie.

Ma première transhumance sera vers PLW (Paul-Louis-Weiller) l'aéroclub des pilotes handicapés qui se situe aux Mureaux et, peu de temps après, également vers Cergy-Pontoise Air Club.

5. *Flight Level.*

Aéroclub Paul-Louis-Weiller

Ce fut la première association aérienne des handicapés physiques de France. Tout a commencé en 1972 lorsqu'André Crépy, accidenté à bord de son avion, devenu paraplégique, décide de voler à nouveau. Son ami mécanicien Bernard Morin, équipe de commandes manuelles un avion sur lequel il sera lâché. Plusieurs fanatiques le rejoindront sur le terrain des Mureaux. Après de longues et difficiles négociations avec la DGAC[1], ils obtiennent en 1976 l'autorisation de voler seuls puis en 1985 d'embarquer des passagers, ainsi de devenir pilotes à part entière ayant les mêmes devoirs et responsabilités que les pilotes valides.

Le commandant Paul-Louis-Weiller, héros de l'aviation pendant la Première Guerre mondiale, patron d'une importante entreprise de construction de moteurs d'avions, grand mécène, aidera à plusieurs reprises au cours des années 1980, l'association en difficulté financière. En signe de reconnaissance, les membres décident lors de l'AG de 1989 de donner son nom à l'association.

Ses descendants, en particulier sa petite-fille, continuent à la suivre et l'assister de leur soutien.

L'histoire concentre alors mes souvenirs. En effet, c'est de cet aérodrome qu'a décollé pour la première fois le prototype du Nord 2051, Noratlas sur le modèle duquel j'ai effectué près de 8 000 heures de vol dans l'Armée de l'air et visité quatre continents (excepté l'Australie pour les cinq !)

1. Direction générale de l'aviation civile.

Ayant eu l'opportunité de faire escale aux Mureaux, le 26 juin 2002, je passai boire un café à l'aéroclub Paul-Louis-Weiller, invité par l'instructeur Pierre Lacorne.

Le président Claude M. en profite pour me donner à penser qu'un nouvel instructeur ne serait pas de trop. L'information ne reste pas sans écho et je lui propose de faire un « galop d'essai ».

L'aéroclub Paul-Louis-Weiller possède des avions équipés de malonniers[2], les pilotes étant, en grand nombre, paraplégiques. En effet, piloter avec les bras seuls nécessite une technique et une autorisation d'exercer les fonctions d'instructeur délivrée par un inspecteur de la DSAC[3].

Après le vol effectué avec le président, j'en serai dispensé. C'est ainsi que le samedi suivant je commençais l'instruction.

D'autres handicaps sont admis par le Cemac[4] pour des pilotes présentant une restriction par rapport aux valides, mais ayant des facultés physiques pour assurer le rôle de CDB[5] sur appareils légers.

Ce sera le cas de Ludovic Béjot atteint d'arthrogrypose. Voir le document joint, écrit de sa main.

C'est également à PLW que je volerai, tous les samedis, si la météo était favorable, avec Claude Sénéchal, sur l'avion fétiche de l'aéroclub, le Rallye 150 F-BSKH et ce, jusqu'à son dernier souffle.

Paraplégique depuis près de quarante ans, Claude détenait une qualification de base, possédait les connaissances pour piloter en autonome, mais avec un instructeur… que j'étais.

Ces vols présentaient un caractère particulier. En effet, si quelquefois nous allions voir l'océan à Étretat, ou survoler les forêts du Vexin en automne, durant la saison des changements de couleur, elle aimait que je fasse des manœuvres inhabituelles, décrochages, chandelles, renversements, pannes, etc. Elle appelait cela « faire des bêtises » !

Elle prenait alors le cap sur la zone la plus désertique pour ne pas gêner les riverains. Le vol stable en ligne droite ne l'émoustillait plus, il fallait secouer la machine.

2. Ces derniers étant pour les mains ce que les palonniers sont pour les pieds.

3. Direction de la sécurité de l'aviation civile.

4. Centre d'expertise médicale de l'aviation civile

5. Commandant de bord.

L'habitude étant venue doucement mais sûrement, je prenais alors les commandes et mettais la bête dans des positions à faire pâlir le concepteur de l'avion.

C'est alors que je hurlais : « À vous les commandes ! »

Après avoir rectifié le vol, j'avais droit à un : « Encore ! » jusqu'au moment où, sans doute saturée, elle disait : « Bon, suffit, maintenant on rentre ! »

Ce qui précède est somme toute, assez banal, à condition de ne pas faire d'amalgame entre figures de voltige et Kamasutra !

Mais ce n'était pas tout... Durant l'aller nous évoquions les événements distillés la veille, aux informations sur TF1. C'est dans ce fatras que « Claudette » choisissait son sujet. Il fallait alors, l'habitude étant prise, que je lui écrive un poème, généralement de quatre strophes.

C'est peu croyable !

Eh bien je vais joindre l'une de ces fantaisies aéronautiques, prise au hasard, dans la pile d'au moins cent cinquante « essais ».

Il paraîtrait que Saint-Éxupery a écouté avec intérêt les anecdotes racontées par Claudette, lors de son arrivée au Ciel, côté Paradis des Pilotes, (boutade).

Je garde de ces vols un souvenir particulièrement ému, vous pouvez le croire cher lecteur !

Claude avait fait une chute de cheval à Deauville, ce qui était à l'origine de son handicap et, pour ajouter à sa douleur, elle perdait au même moment, son mari et sa petite fille de six ans !

Durant ces vols un peu fous, j'ai eu l'impression de lui apporter un peu de bonheur, sinon de paix.

À compter d'avril 2004, j'aurai l'honneur d'entraîner Madame Dorine Bourneton, bien connue maintenant, à tenir la patrouille serrée « Bleu Ciel », en vue de participer aux meetings aériens futurs, avec ses coéquipiers paraplégiques également.

C'était la première patrouille mondiale des pilotes handicapés des membres inférieurs.

La patrouille était constituée de quatre avions dont Dorine assurait la fonction de leader, soit n°1.

Ces entraînements se faisaient sur le terrain de Voves-Viabon, près de Chartres.

Dorine prenait à cœur ce rôle de chef de patrouille. Claude M. et Guillaume F. étaient ailiers n°2 et n°3. Le charognard n°4, lorsqu'il existait, était tenu par un ancien pilote militaire, Alexandre P. paraplégique à l'issue d'un accident.

Rassemblements, changements de place dans le box, éclatements se succédaient.

Voir ci-joint les figures de la Patrouille Bleu Ciel.

Faire une présentation aérienne, en meeting, procure systématiquement une accélération psychologique plus ou moins forte. Cette accélération s'accompagne d'un rythme cardiaque élevé, d'une hyperventilation entraînant fréquemment une euphorie dangereuse qui débouche souvent sur le dépassement de ses moyens… provoquant l'accident !

Ce fut le cas, au Salon du Bourget, avec le crash d'un Fouga Magister, le pilote ayant dégagé trop tard lors de « l'éclatement ».

Un événement des plus marquants, le 25 octobre 2008, après quarante-neuf ans, j'aurai l'immense honneur et plaisir de revoler avec Madame Valérie André devenue général, alors qu'en 1959 elle était encore médecin capitaine sur hélicoptère en évacuations sanitaires.

Ce 25, c'était sur le Rallye 150 F-BSKH et en tour de piste sur le terrain des Mureaux.

Quelle émotion, quand même… après un demi-siècle !!!

C'était le bon temps à Paul-Louis-Weiller, enfin celui que j'ai aimé…

Cergy-Pontoise Air Club

L'activité dans un seul aéroclub m'étant sans doute trop douce, je vais frapper à la porte de l'aéroclub voisin, j'ai nommé le CPAC. Ce dernier ne semble pas souffrir de ma venue accidentelle. En effet, je cherche un avion-école pour former un ami.

Le président en profite, sur les conseils du trésorier, pour me proposer de faire partie de leur sympathique équipe.

Aussitôt dit aussitôt fait, et en août 2002, c'est la reprise de l'accumulation des heures de vol et des carnets du même nom.

Me voici à cheval sur le Rallye 100, le Wassmer et Marchetti, de vieux appareils certes, mais bien entretenus, et les chevaucher avec attention comble encore ma folie de jouer les « Icare » !

Le temps de montrer « patte blanche » en faisant quelques briefings et en proposant un cours sur le vol de nuit particulièrement écouté, et me voilà adopté pour de bon, il semblerait à la majorité d'ailleurs.

C'est ainsi qu'à partir de septembre, je serais aux Mureaux chez les handicapés le samedi et sur demande, le reste de la semaine au CPAC. Considérant ma position de bénévole, je pense que c'est un service que ces associations me rendaient en me permettant d'exercer ma passion, il manquerait plus que ça que j'en tire des « marrons du feu » ! Noter que le bénévolat est encore tout à fait légal. Il doit être en accord avec les qualifications sur le plan aéronautique : licence adaptée de pilote, assortie d'une visite médicale associée et des contrôles périodiques assurés par notre organisme de tutelle, j'ai nommé la DSAC.

Sans doute, cette activité me semble encore timide bien qu'exercée sept jours sur sept.

Bénévole je ne suis pas assujetti aux repos imposés aux salariés. Aussi je garderai, encore quelques années, mon activité d'instructeur sur hélicoptère. Instruction de base débouchant sur la qualification de PPH[1] à l'école Golf Tango de Toussus-le-Noble.

Ainsi, je pourrai encore un peu suivre mon propre fils que j'ai le privilège de « fabriquer » pilote quasi professionnel de la voilure tournante.

J'ai également la possibilité de proposer quelques baptêmes de l'air, sur ces machines vibrantes, à quelques-uns de mes élèves paraplégiques. Que du bonheur… pour eux, sans doute, pour moi sûrement !

Faire plaisir, même si on ne vous le rend pas, est une action noble ! Souhaitons que cette pensée perdure… Je commence à en douter, cher lecteur, l'égoïsme prend le pas et flirte avec des idées de plus en plus folles !

Restons dans ce milieu convivial des clubs. Aux Mureaux PLW (Paul-Louis-Weiller), les élèves sont nombreux déjà. À midi, la table pour le repas est toujours trop petite, ça ne me gêne en rien, car à cette époque, je ne déjeune jamais… je suis en vol avec Madame Claude Sénéchal (dite Claudette). C'est d'ailleurs pour cela que j'ai essuyé quelques débuts d'hypoglycémie, rapidement surmontés avec le « petit en-cas » toujours dans la poche revolver.

De l'autre côté, au CPAC, la présence, la disponibilité, le sérieux de l'équipe d'instructeurs dont j'ai eu l'honneur d'être promu chef pilote, porte ses fruits, de nouveaux membres affluent.

Les nombreux ennuis liés à la maintenance des Rallye 100 et 150, ainsi que l'approvisionnement en pièces détachées étant de plus en plus aléatoire, le président et le *staff* dynamique décident de changer la flotte.

Après prospections, le choix se porte sur les Diamond, appareils nouvelle génération en composite, équipés de moteur Rotax de faible consommation et plus rapides. Comme le Diamond 40 TDI offrant une gestion automatique du moteur à l'image de la flotte des avions commerciaux, Monomanette Fadec[2] et ECU (*Electronic Control Unit*).

Cette décision courageuse étant prise, le président tiendra bon et nous voilà à la recherche de deux DA20 et deux DA40 en remplacement des Rallye, Wassmer et Marchetti.

1. Pilote privé hélicoptère.
2. *Full Autority Display Electronic Control.*

La commande sera passée au cours du deuxième semestre 2004 et leur livraison s'échelonnera entre avril 2005 et 2008.

Je ne développerai pas, mais préciserai simplement que j'ai passé quelques soirées à faire la synthèse des manuels de vol, le président et le trésorier quelques nuits blanches pour réussir à mettre en place la gestion financière. Ce fut une réussite !!! Bravo Georges, Claude, Bernard...

Durant de nombreuses années les choses allaient ainsi, le CPAC prospérait. De 650 heures nous étions passés à 2 150 heures par an. Il régnait une ambiance familiale et conviviale appréciée de tous. Bref, un aéroclub comme il se doit !!!

Une parenthèse ou les aléas du métier : fin décembre 2018, le CPEMPN[3] constate l'hypoacousie qui me guette. Ce qui n'est pas nouveau... Les campagnes de tir et le bruit des moteurs d'avion en sont principalement la cause. C'est d'ailleurs pour cette raison, qu'à partir de 1970, le port du casque devient obligatoire pour les séances de tir.

Me voilà contraint de demander une dérogation auprès du CMAC[4]. Je l'obtiendrai bien sûr mais en attendant que faire ? Cloué au sol, vous n'y pensez pas ! Non bien sûr !

Depuis quelque temps il me semblait moins bien entendre les critiques de mon entourage... J'avais donc, à titre préventif, réactivé la licence de pilote privé de mon épouse. Bien m'en a pris, sauf que durant cette période, ma vie a beaucoup changé. Lors de nos vols privés, mon épouse devient commandant de bord et moi simple passager !!! Compensation oblige, pour rester « fair-play », je fais la vaisselle !

Cette situation atypique a quand même duré sept mois. Ce fut très long !

Ma femme ayant rejoint les rangs comme secrétaire, tout était réuni pour que ça marche bien... Mais rien n'est éternel !

Un changement de président...

Surtout la covid 19 et les restrictions qui l'accompagnent.

Confinement, vols annulés !

Déconfinement et l'activité reprend... très maladroitement.

3. Centre d'expertise médicale du personnel navigant.

4. Conseil médical de l'aviation civile.

L'aéronautique, en particulier l'aéronautique de loisir, aura du mal à s'en remettre, « le rampant » considérant consommation d'énergie, pollution et bruit inutiles, tout au moins non nécessaires ! ... Passons.

Par contre, le travail des soignants durant cette pandémie est remarquable et remarqué.

C'est alors que mon épouse me suggère de proposer des « vols découverte » au personnel de santé pour les remercier de leur dévouement. L'appellation « baptême de l'air » ayant été bannie du vocabulaire aéronautique !!!

Ainsi, si le confinement m'a permis d'écrire ces lignes et de revivre quelques aventures tant militaires que civiles, le déconfinement m'aura donné le plaisir « d'envoyer en l'air » quelques infirmières et aides-soignantes.

Pour conclure : deux petites anecdotes...

Evasan en Algérie

Il me revient à l'esprit un souvenir, lors de mes premières évasans de nuit en CDB. Posé dans « un trou » de forêt, je ne pouvais décoller qu'à la verticale, donc avec beaucoup de puissance (H19 635HP) ; il y avait six légionnaires blessés. Je ne devais en prendre que quatre sinon, par manque de puissance, c'était la chute des tours et le crash assuré ! Nous étions quatre membres d'équipage (convoyeuse comprise). Je dis au mécano de soute de n'accepter que quatre blessés sur civière.

Le graisseux, voix chevrotante, me glisse dans les écouteurs : « L'adjudant légionnaire charge les six et ne veut rien entendre ! »

Vu la réaction du mécano, le légionnaire monte à mon niveau du cockpit et me met le canon de son Mat 49 sur la tempe droite et hurle : « Si tu ne prends pas tous les blessés je te flingue !!! »

Mourir à 20 ans et des brouettes, et de plus tué par un soldat compatriote, impossible ! Non je n'ai pas peur, je n'ai jamais eu peur dans les situations critiques.

Je demande au copilote de prendre les commandes, de garder les tours et je descends avec ma gueule de minet, convaincre un vrai combattant... Celui-ci comprend mes problèmes, réfléchit et fait débarquer deux soldats qui seront évacués ultérieurement. Je m'étonne encore de mon audace !

Courroux d'un légionnaire

J'étais simple CDB, pas encore instructeur, ça se passe sur Nord 2501 et si je n'avais pas été pilote je crois que j'aurais pris « une grosse tête ». Encore un qui voulait me tuer !

Nous venions de déposer un stick de durs aux tabliers de cuir à l'est du Sahara et nous repartions vers l'ouest, au camp de base.

Comme d'habitude, le graisseux me glisse dans la trompe d'Eustache : « Mon yeutenant, un peu de radada, ça va emmerd. ce vieux c. de radio ? »

Et nous voilà partis pour 2 à 3 minutes (jamais plus sinon on perd la notion de hauteur) pour un rasé sable à donner une crise cardiaque aux fennecs (renard des sables) du coin.

Quand je dis « radada », c'est entre un mètre et deux, jamais plus de cinq mètres. Nous étions en plein désert, ne pas l'oublier, et 180 à 200 kt... une misère gérable pour un pilote du Cotam !

Au bout de 2 à 3 minutes, les membres d'équipage crânent mais ils sont tous blêmes, ça s'appelle être masochiste. Si, si, tous mes équipiers étaient maso à en croire leur « affection » à mon endroit !

Là est la finale : je tire sur le manche, vario bloqué haut jusqu'à atteindre la vitesse de décrochage, le Nord presque en chandelle. Je pousse à mort le manche et passe en g négatif. Tous les cinq dans les bretelles, bien arrimés quand même. Hélas, j'avais oublié le légionnaire qui était resté à bord, comme convenu. Pour comble de malchance il n'était pas assis, ceinture en place, il était au fond du cargo, aux toilettes... je vous laisse deviner la suite ! Non seulement il s'était cogné la tête au plafond des coquilles, mais il avait la tenue décorée d'une très belle trace d'urine de la braguette aux cheveux. Je l'avais pourtant aidé à relever la tête mais ça n'avait pas fait son bonheur !

Le problème, c'est qu'il avait cru que je l'avais fait exprès pour me moquer de lui. D'où son courroux incontrôlable... mais voyant que je tenais les rênes et que les autres me défendraient, il se rajusta et retourna s'asseoir sagement.

Bien évidemment j'ai payé le champagne et lui ai présenté mes humbles excuses.

Je n'ai eu les honneurs des légionnaires que plus tard, à Madrid, mais c'est une autre histoire.

Sommaire

Préface 5
Voler… un rêve 9
Le premier contact 13
Les écoles 17
Aulnat 19
Marrakech – Philosophie du lâcher 21
Le Bourget-du-lac 25
L'Algérie : les évacuations sanitaires 29
Sétif 37
Le Sikorsky H-34 45
École – Avord 53
GMMTA - COTAM - Escadron Franche-Comté – Bricy 55
Toulouse-Francazal : Le CIET 75
Voyage hors du temps 83
La Guadeloupe 87
La Martinique 89
La patrouille Guimauve 91
Nord 262 93
Transall C-160 95
N'Djaména : Le GMT Orléans 105
Orléans-Bricy : Le Poitou 121
La Libye 125
Chef des mouvements avions 139
Salon international du Bourget (…) Transall C-160 141
Présentation du Transall à Bex 149
Interlude 159
Premier contact avec le civil 161
Rouen 163
Chronologie du retour à l'aviation légère 167
Aéroclub Hispano Suiza – Héli Inter 169
Magny-Cours : circuit automobile de Formule 1 173
Bruxelles 177
Retour en aéroclub 181
Aéroclub Paul-Louis-Weiller 191
Cergy-Pontoise Air Club 195
Pour conclure : deux petites anecdotes… 199

Collection Histoires authentiques

AU CŒUR DE BARKHANE

Par Raphaël Bernard

Face aux terroristes

De mars à octobre 2017, le colonel Raphaël Bernard a été projeté au Tchad au sein du poste de commandement de l'opération Barkhane. Responsable des opérations, il a traversé avec intensité ces six mois à la tête d'une équipe d'une centaine d'officiers et de sous-officiers marqués au fer rouge du sceau des opérations anti-terroristes.

Hommes du renseignement, des plans, de l'influence militaire, du génie, de l'artillerie, des commandos parachutistes ou de montagne, tous ont œuvré pour que la mission soit dûment remplie.

De mars à octobre 2017, le colonel Raphaël Bernard a été projeté au Tchad au sein du poste de commandement de l'opération Barkhane. Responsable des opérations, il a traversé avec intensité ces six mois à la tête d'une équipe d'une centaine d'officiers et de sous-officiers marqués au fer rouge du sceau des opérations anti-terroristes. Hommes du renseignement, des plans, de l'influence militaire, du génie, de l'artillerie, des commandos parachutistes ou de montagne, tous ont œuvré pour que la mission soit dûment remplie.

L'auteur :

Saint-cyrien, Raphaël Bernard est colonel d'artillerie. Breveté de l'École de guerre et titulaire d'un MBA de HEC, il a été projeté à dix reprises en individuel ou avec ses hommes : Liban, Sahara, Kosovo, Côte d'Ivoire, Mali... Chevalier de la Légion d'honneur et de l'ordre national du Mérite, trois fois cité au Sahel pour faits de guerre, il a quitté le service actif en juillet 2020. Il est marié et père de trois enfants.

Consulter notre site

www.editions-jpo.com

retrouvez-nous aussi

sur facebook et twitter

Également, dans la collection
HISTOIRES AUTHENTIQUES
aux Éditions JPO

— JEAN-PIERRE OTELLI —

CATASTROPHES AÉRIENNES - *Les passagers ont le droit de savoir...*
LES MIRACULÉS DU CIEL - *Histoires de survies extraordinaires...*
LE SECRET DES BOÎTES NOIRES - *Enregistrements avant le crash...*
GANGSTERS DU CIEL - *Histoires authentiques de pirateries*
POURQUOI ILS SONT TOMBÉS - *Les faits... la vérité*
LES FOUS DU CIEL - *Ce qui s'est vraiment passé dans les avions, le 11 Septembre*
ERREURS DE PILOTAGE (15 tomes)
PASSAGERS INCONTRÔLABLES - 2 tomes
PILOTES DANS LA TOURMENTE - *Pilotes de chasse & Secret Défense*
CANADAIR - *Ces héros qui nous protègent*
CHARTERS - *Pour ne plus voyager en mauvaises compagnies*
PILOTE D'HÉLICOPTÈRE - *La vie incroyable de Georges Doat*
CARNETS DE VOLS - *Album avec dessins de François BOUSSEAU*
URGENCES À BORD - *Album avec dessins de François BOUSSEAU*
CE JOUR-LÀ - *Album avec dessins de François BOUSSEAU*
ALERTE EN VOL - *Album avec dessins de François BOUSSEAU*

— GERMAIN CHAMBOST —

LE BEA - *Les enquêteurs du ciel*
MISSIONS DE GUERRE
LE CIEL SOUS CONTRÔLE

— PAPPY BOYINGTON —

TÊTE BRÛLÉE - *Ma véritable histoire*

— JEAN-LOUIS BERNARD —

LES HÉROS DE BAGDAD (2 tomes)

— JEAN-MARC TANGUY —

EJECT ! EJECT ! EJECT !
COMMANDOS DU CIEL - *Les pilotes de l'impossible*
COMMANDOS FRANÇAIS - *Les missions des forces spéciales*

— DAN PEDERSEN —

TOP GUN - *La véritable histoire*

— RAMON JOSA —
MARIN & PILOTE - *Servir en mer et dans les airs*

— NEHRU HATTAIS —
RADIO COCKPIT *(2 tomes)*

— ALAIN ROELLINGER —
DE L'ALASKA À L'OURAL - *Les aventures d'un pilote ordinaire*

— CHRISTOPHE SOULARD —
PARLEMENTAIRES MORTS POUR LA FRANCE

— ROBERT GALAN —
MES AILES - *Une carrière dans le ciel*

— JEAN-PAUL SALINI —
LES FOLIES DE L'ESCADRILLE
DERNIERS VIRAGES

* * *

Dans la collection ALTI-POLAR

— JEAN-PIERRE OTELLI —
OMEGA POINT - *Le piège de Kadhafi*

* * *

Dans la collection L'HISTOIRE DANS L'HISTOIRE

— ANNE-MARIE MOMMESSIN —
FEMME À SA TOILETTE - *Beauté et soins du corps à travers les âges*
FEMMES CRIMINELLES - *Coupables hier... innocentes aujourd'hui !*

Et bien d'autres ouvrages à découvrir sur notre librairie en ligne :
www.editions-jpo.com

Achevé d'imprimer en mars 2024
par la société TIRAGE - 91941 Courtabœuf

Imprimé en France